FX
環境認識の定石

定石

Hiro

はじめに
～ FX は学び方さえ間違わなければ勝てるようになる～

　トレードの世界で稼ぎ続けられる人間は全体の5 ～ 10％といわれています。こう聞くと、「自分がFXで稼げるようになるなんて、果たして可能なのか？」、そう思ってしまいますよね。

　おそらくこの本を手に取ってくださった方の中にも、真面目に勉強したり、いろいろ試してきたりしたけれど、なかなか勝てるようにならないという経験をしてきたのではないでしょうか。

　私自身も暗中模索しながらいろいろと学んで、試しては負けてという日々を約3年間すごしてきました。私は3年間でしたが、中には10年以上も苦しみ、結果的に財産を失っただけでなく、それまでに費やした貴重な時間も無駄にしてしまった、という人もいます。それくらい相場の世界は厳しいのです。

　一方で、個人的にはこの5％や10％という見かけの数字ほど、難易度は高くないとも感じています。

　どういうことかというと、SNSなどでの投稿が顕著なのですが、「FXはお手軽に稼げる」というイメージが先行してしまっているのが現状です。そうした投稿を初心者が見て、「なんだ、そんなに簡単なんだ」と思いスタートして、先述したように資産を失って退場していく、という現実があります。つまり、退場者には「まともに学習をしていない人たち」が一定数存在している

ということです。

　また、真面目にFXの学習をしているものの、その方向性を間違ってしまっているために結果に結びついていないのではないか、と感じる人も少なくありません。
　逆にいえば、その学び方さえ間違わなければ、遅かれ早かれ勝てるようになるのです。
　相場の世界で稼ぎ続けていくためには全体の5～10％という少数派に入らなければならないわけですが、正しい方向性で学習を継続さえすれば、周りが勝手に脱落していく結果、自然とこの少数派に入っていける……これが、これまでの経験から導き出した私の持論です。

　本書では、私のトレード手法や細かいテクニック的なことも存分にお伝えしますが、一番の目的は「FXで稼ぐトレーダーになるための方向性を示す」、これに尽きます。ぜひ、私の知識や経験をご自身のものにして、自立したトレーダーへの第一歩を歩み出してください。

CONTENTS

CHAPTER 2
相場の9割は「環境認識」

CHAPTER 3

最強の環境認識方法①
勝率・利益率を上げる「通貨強弱」の見方

CHAPTER 4
最強の環境認識方法②
「エリオット波動」の見極め方とトレード方法

CHAPTER 5
最強の「資金管理」

CHAPTER 6

確度の高い「テクニック10選」

CHAPTER 7
トレードの礎となる「マインドセット」

おわりに　～FXが人生を変えてくれた～

ブックデザイン：ナカミツデザイン

CHAPTER 1

FXに必要な「4つのスキル」

01 / FXで勝つために 必要なスキルとは?

FXで勝つために必要なスキルを考えるとき、最初に意識すべきことは、「FXは技術職である」ということです。成功するためにはスキルが必要であり、「お手軽に稼げる」という幻想を捨てる必要があります。まずは、FXで勝つために必要な4つのスキルに焦点を当てます。

▶ トレードは技術職である

「FXに興味がある」「すでに取り組んでいるけどなかなか結果が出ない」、そうした方が本書を手に取ってくださっているかと思いますが、まず考えてほしいことがあります。みなさんはFXにどのようなイメージを持っているでしょうか?

「スキマ時間にお手軽に稼げる」
「副業にピッタリ」
「あなたも億超え」

　SNSを見ると、こうした魅力的な謳い文句がどんどん目に入ってきます。私自身もそれに釣られてFXを始めた1人です。
　しかし、そのようなイメージはこの瞬間に忘れてください。断言しますが、**トレードは技術職**です。相場の世界で稼ぐにはスキルが必要です。「お手軽に稼げる」とは口が裂けてもいえません。多くの失敗を経て、この真実を痛感した人たちが、ようやく真面目にFXの学習を始めていくのかと思います。

CHAPTER 1

CHAPTER 2

CHAPTER 3

CHAPTER 4

CHAPTER 5

CHAPTER 6

CHAPTER 7

　ここで大事になってくるのが「ゴールを明確にする」という点です。言い換えると、「何のために学習をするのか」ということです。いうまでもなく、私たちの目的はFXでお金を稼ぐこと。そのために必要なスキルとは何か。ここをしっかり理解、分析をして、そのスキルを身につけるにはどうすればいいかを考えていく必要があります。

　この認識を間違ってしまうと、「トレードの知識はめちゃくちゃあるのに稼げない……」といった笑えない展開になりかねません。ただ、意外とこういう人は多くいます。

　逆に、トレードで利益を上げている人の中には、「え、そんなことも知らないの？」と思う人も少なくありません（私も知識量自体はおそらく平均より少ないくらいです）。それでも利益を上げているのは、トレードで利益を上げるために必要なスキル、肝を押さえているからだと考えます。

　では、その肝となるスキルとは何か。私は4つのスキルがポイントだと考えています。

▶ 必要な4つのスキル

　それが、「①環境認識力、②資金管理力、③マインドセット、④手法」です。この4つのスキルを意識してバランスよく鍛えていくことで、稼ぎ続けるトレーダーに近づくことができます。

　本章では、この各スキルについて解説するともに、トレードに関する学習の方向性もお伝えしていきます。

┌─ **Point** ─────────────────────

● トレードは単純な副業ではなく技術職

● 学習の目的を明確にし、成功に必要なスキルを理解することが重要

● 成功のために必要な4つのスキル（環境認識力、資金管理力、マインドセット、手法）がある

└─────────────────────────────

02 環境認識とは？

これからお伝えする環境認識のスキルはトレンドフォロー戦略を基本とします。この環境認識のスキルを発展させることで、トレンドが明確な相場を選択することができ、勝てる確度を高めることにつながります。

▶ すべての基本はトレンドフォロー

　環境認識とは、簡単にいうと現在の相場が上昇トレンドなのか下落トレンドなのか、もしくはレンジ相場なのかを見極める能力と本書では定義します。別の言い方をすると、現在の相場が「買いなのか」「売りなのか」「トレードすべきでないのか」を見極める能力です。

図 1-1　トレンド相場とレンジ相場

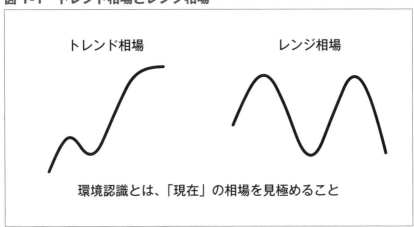

トレンド相場　　　　　　　　レンジ相場

環境認識とは、「現在」の相場を見極めること

　トレードで利益を上げ続けていくためには、この環境認識のスキルが何よりも重要であり、勝ち負けの9割を決めるといっても過言ではないと個人的には感じています。

　そして、この本で私が推奨するトレード戦略は、ずばりトレンドフォローです。トレンドフォローとは、トレンドの波にうまく乗って利益を伸ばしていく戦略です。トレンドの波をつかむために、現在の相場がどのような状態なのかを見極める能力である「環境認識のスキル」がとても重要になってきます。以降の章で通貨強弱やエリオット波動など少し難易度の高い話もしていきますが、基本はこのトレンドフォロートレードの精度をどのようにして高めていくか、すべてはその観点で解説していきます。

　つまり、現在の相場を見て上昇トレンドだと判断したのであれば、あとはいかに買いエントリーでその波に乗るかを考えていき、下落トレンドだと判断すればその逆である売りエントリーを検討していく、ということです。

▶ 明確にわかる相場だけでエントリーをしていく

　私はトレンドフォローでトレードすると決めているので、レンジ相場ではトレードしません。そのため、明確に上下に動くレンジ相場だけでなく、上昇トレンドとも下落トレンドとも判断がつかない相場でも、私はレンジ相場とみなしてトレードを回避しています。

　これを物足りなく感じる方もいるかもしれませんが、これくらい大胆に決断をしていくことで迷いが減り、結果として勝ちやすい相場、わかりやすい相場でのみの勝負になるので、自ずと利益も上がりやすくなります。

　逆に、FXで勝てていない人の多くが、チャートを見たときに買いと売りの両方の選択肢を常に考えてしまい、自分の中で迷いを生じさせます。そうなると、難しい相場でもトレードしてしまうため、勝率を悪くしているところがあると思います（過去の私がそうでした）。

それを避けるために、明確に上昇トレンド、もしくは下落トレンドだとわかる相場でだけ勝負をするのです。選択肢を絞ることによって、自然とトレードの精度が上がります。この戦略の変更だけで、勝てるようになる人も中にはいるかもしれません。それくらい、環境認識というスキルは、トレードで利益を上げるために重要なスキルとなってきます。

　また、自分がわかる相場でだけトレードするというと、「その判断が難しいんだけど……」と感じる方もいると思います。しかし、そう感じることは問題ありません。なぜなら、それは現在の自分のスキルでは実際にトレードする段階ではないという証拠だからです。
　逆に、自分のレベルが上がってくると、「わかる相場」というシーンが自然と増えていきます。つまり、明確にわかる相場でだけトレードするという戦略を採用すると、そのときの自分のレベルに合った相場だけが選び出され、無理なく勝つ感覚というのが養われていくのです。
　環境認識というスキルを伸ばしていくメリットは、こういう部分にもあります。

Point

- すべての基本はトレンドフォロー、環境認識が勝敗の９割を左右する
- 明確な相場でのみトレードし、選択肢を絞ることで勝率を向上させる
- 環境認識スキルの向上により、自信を持って取引できる相場を増やしていける

03 環境認識の 具体的な方法

王道の相場分析理論「ダウ理論」を中心に、チャートパターン分析やインジケーター、マルチタイムフレーム（MTF）分析など環境認識を把握する方法を紹介します。これらはトレーダーにとって重要な裁量スキルの一環となるものです。

▶ 王道の相場分析「ダウ理論」

　環境認識とは、現在の相場が上昇トレンドなのか、下落トレンドなのか、レンジ相場なのかを見極めることだと説明しました。それでは、具体的にどうやって行なえばいいのでしょうか。

　一般的には、さまざまな相場分析の理論やチャートパターン、インジケーターを使用して行なっていきます。

　相場分析理論といえば、ダウ理論やエリオット波動、サイクル理論、ハーモニック理論、通貨強弱などがあります。

　中でもダウ理論は、一番有名かつ王道の相場分析理論であり、初心者から上級者まで幅広く使用されている環境認識の方法です。ダウ理論についてはまたあとで詳しく解説しますが、簡単にいうと主要な高値と安値を見極めてトレンドを判断する分析方法になります。

　何をもって「主要な高値と安値」と見るかが難しく、結果として人によって相場分析の結果が大きく異なってくることも珍しくありません。

　しかし、このような**明確な答えがあるわけではない、いわゆる裁量スキルを伸ばしていくことこそが、稼げるトレーダーになるためにはとて**

も重要だと私は考えています。

図 1-2　ダウ理論

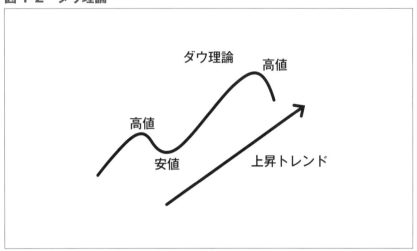

他にはチャートの形からこの先の相場がどう動いていくかを判断する
チャートパターン分析、移動平均線（MA）やボリンジャーバンドなど
のインジケーターを使用した環境認識の方法があります。

図 1-3　ボリンジャーバンド

これらはダウ理論などの裁量判断が必要な環境認識の方法とは違い、ある程度機械的に判断できるため、初心者でもトレードが安定しやすいというメリットがあります。

▶ マルチタイムフレーム(MTF)分析

　一方で、そのような機械的な判断だけでは勝てないのも相場の世界です。過去の私もそうでしたが、インジケーターをうまく組み合わせて勝てる手法、いわゆる聖杯探しのようなことをしても、なかなか勝てるようにはなりません。そこで重要になってくるのが「マルチタイムフレーム（MTF）分析」という考え方です。

　マルチタイムフレーム分析とは、複数の時間足を見て現在の相場がどのような相場なのかを総合的に判断していく方法のことをいいます。これも裁量スキルの1つであり、インジケーターなどを使った環境認識はもちろん、ダウ理論など元から裁量判断が必要な環境認識にも効果を発揮します。

図1-4　裁量スキルの目標

相場分析理論（ダウ理論など）or インジケーター

×

マルチタイムフレーム（MTF）分析

⬇

時間足を自由に行き来する感覚をつかむのが目標

　この、「相場を俯瞰して上下の時間足を自由に行き来する感覚をつかめるようになる」という状態を1つの目標にしてほしいと思います。

　マルチタイムフレーム分析については、第2章でまた詳しく解説しま

CHAPTER 1
CHAPTER 2
CHAPTER 3
CHAPTER 4
CHAPTER 5
CHAPTER 6
CHAPTER 7

すし、第4章のエリオット波動の説明でさらに深く理解できるようにな
ると思います。

Point

- 環境認識の方法は、ダウ理論やチャートパターン、インジケー
  ター、マルチタイムフレーム分析などがある
- ダウ理論は、主要な高値と安値を見極めてトレンドを判断する
- マルチタイムフレーム分析は相場を俯瞰して見ることを可能に
  する

04 / 資金管理とは？

相場で生き残るための最重要スキルは資金管理です。トレードに損失は
つきものですが、それを最小限に留めることが生き残る技術となります。
入金から出金、税金の管理まで、資金が動く全段階の厳密な設計がなけ
れば、相場で成功するのは難しいでしょう。

▶ 相場で生き残るための最重要スキル

　資金管理とは、文字通り自分の大切なお金を管理しながらトレードを
していくことです。一般的なお金を稼ぐための仕事とトレードの最大の
違いが、行動して資金がマイナスになることがあり得るかどうかという
ことです。

　当たり前の話ですが、普通に会社員をしていて給料がマイナスになる
ということはありません（業務上のミスによる損失を給料から引くこと
すら基本的に違法です）。

　一方のトレードの場合、どんなに優れた手法であったとしても必ず負
けはあります。その負けの際にどれだけ損失を最小限に抑えられるか、
自分の大切な資金を守れるかが、相場で長く戦っていくためには何より
も大切な行動になります。

　いわば資金管理とは、相場で生き残るための最重要スキルだともいえ
ます（環境認識が利益を上げていくための最重要スキルだと説明したこ
とと対比して考えてみてください）。

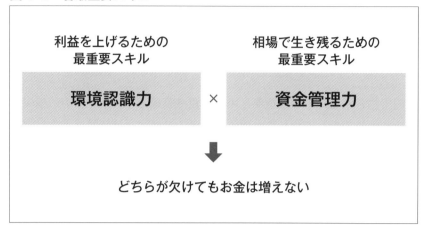

図1-5　各最重要スキル

利益を上げるための
最重要スキル

環境認識力

×

相場で生き残るための
最重要スキル

資金管理力

どちらが欠けてもお金は増えない

▶資金管理の3つの段階

　一般的に資金管理というと、負けた際に証券会社の口座内の資金損失をいかに管理するかという文脈で語られることが多いです。ですが、個人的にはこれだけでは足りないと考えています。お金が動くすべての段階でどのように管理をしていくか、あらかじめ設計しておくのがおすすめです。

　例えば入金の段階。普段の給料や貯金額、時期別にお金を使う予定の有無、家族構成などから自分がどれだけリスクを取ることができるのか。最悪トレードで資金を飛ばしたとしてもいくらくらいまでなら耐えられるのか。このあたりをよく考えてFX口座への入金額は考えるべきです。

　そして、口座内での資金に対しては1回のトレードでいくらまでの損失なら許容できるのか、どのくらいの損切り幅なら許容できるか、ロットはどうするかなどを考えていきます。

　また、トレードで利益を出した際にはどのタイミングでどれくらい出金するのか、その出金したお金はいくら使っていいのか、翌年の納税分はどのように管理するのか、までは最低限考えておく必要があるでしょう。

図 1-6　資金管理は 3 つの段階を意識する

資金管理は 3 つの段階を意識する

入金 ➡	口座内 ➡	出金
● 必ず余剰資金で ● 収入 ● 貯金額 ● 家族構成などを 　考慮	● 1 回の損失を 　限定 ● 週単位や 　月単位でも 　限定するのが◎	● タイミング ● 金額 ● 税金などを考慮

このように、お金が動くすべての段階で自分のお金をどのように管理するのかを考えるのが資金管理であり、長く相場に生き残っていくための秘訣です。

資金管理は1回でもミスをしたら相場から退場しかねませんし、自分の人生においても取り返しのつかないことになりかねません。

少し脅かすようですが、それくらいミスが許されず、緻密な設計が求められる部分です。ここだけはしっかり固めてからリアルトレードには臨むようにしてください。

Point

● 資金管理は資金がマイナスになるリスクを最小限に抑えることが重要

● 入金や出金、税金の管理など、お金が動くすべての段階での厳密な計画が必要

● 資金管理は相場生存に直結し、ミスは許されず、慎重な計画が要求される

05 マインドセットが重要な理由

「知識の量」だけではトレードでの成功は保証されません。技術や分析法も重要ですが、相場ではトレーダーとしての心構えや考え方である「マインドセット」が鍵となります。投資は自己責任であり、スキルは自分で身につける必要がありますが、これらを理解し、マインドセットを整えることが、トレードでの成功につながっていきます。

▶「知識の量」で結果が出るわけではない

　トレードで勝てるようになるには「技術を身につけないといけない」ということはおわかりいただけたかと思います。そのために、高度な分析方法やインジケーターの使い方などを学習する、この行為自体は間違っていませんし必要なことです。ただし、ここが落とし穴だと私は感じます。

　残念ながら、技術を身につけるだけでは勝てないのが相場の世界です。「なんだ、これまでと言っていることが違うじゃないか」と感じたかもしれません。実は、トレードには技術以前に大切なポイントがあります。勝ち続けるために必要なのがトレーダーとしての心構えや考え方である「マインドセット」です。

　マインドセットというと、ただの精神論のように聞こえるかもしれません。事実、興味を持たないトレーダーも多いような印象を受けています。

CHAPTER 1
CHAPTER 2
CHAPTER 3
CHAPTER 4
CHAPTER 5
CHAPTER 6
CHAPTER 7

　しかし、マインドセットをしっかりと持っていることが、勝てるトレーダーとそうではないトレーダーの大きな違いといっても過言ではありません。

　では、なぜトレーダーにとってマインドセットが重要なのでしょうか。
　それは、今まで私たちが生きてきた一般的な社会と相場の世界の違いに依るところが大きくあります。どういうことかというと、例えば多くの人が経験してきたであろう高校受験や大学受験、資格試験などは、勉強量、特に「インプット量＝知識」が多ければ多いほど有利になりやすかった世界です。社会人になってもこの傾向はあり、仕事にもよると思いますがやはり知識量の多さは武器になります。
　つまり、真面目に勉強するほど報われやすい社会で私たちはずっと生きてきました。

　しかし、相場の世界はそうではありません。**大事なのは知識量ではなく、どのような知識をどこでどうやって使うのか、なのです。**トレードの世界には相場分析の方法も含めさまざまなトレード手法があります。しかし、それらもしょせんはただの道具にすぎません。多少よい道具を使ったところで、使う側が未熟だと使いこなせず、結果を出すことは永遠にできないのです。逆に、大したことのない道具でも、熟練の職人が使えばある程度の結果は残せるはずです。

　資金管理の項でも説明したとおり、普通に働いて給料がマイナスになることはないですが、トレードの世界では普通にマイナスがあり得るわけです。これも大きな違いです。また、普通に働いていたら稼げない金額を一瞬で稼げてしまうこともあります。この極端な資金の増減が、思っている以上に私たちのメンタルを揺さぶってくるのです。
　このメンタルのアップダウンにどう対処するか、これもトレーダーとして考えなければならない大事なことだと私は感じます。
　トレードで稼いでいくと決めたときに、そもそもトレードとはどう

いうものなのか、トレード学習の方向性やその方法、実際のトレードでの立ち振る舞い方などを考える際の軸になってくるのがマインドセットです。

　いわば**各自のトレード哲学をしっかりと固めたうえでトレードに臨む。これが実は遠回りであるようで、最短最速でFXで稼げるようになるための方法**だと、私自身の経験や周りのトレーダーさんを見ていて思います。

▶ 投資は常に自己責任

　マインドセットについては第7章でまた詳しく解説していきますが、ここでは本書を読み進めるうえで最初に覚えておいてほしいをお話しします。
　それは、「投資は自己責任」であるということです。
「あなたが負けてもそれは誰のせいでもなく自分の責任」、そうした損失における責任の所在という文脈で語られることが多い文言ですが、私はもう少し広い意味で捉えています。それは、トレードをするにあたってスキルを身につけるという行為も、結局は自分自身でやらなければならないということです。

　投資スクールに入ったり、オンラインのコミュニティに入ったり、また本書のような投資の書籍や何かの教材を購入したりしたとしても、それらがあなたを勝てるようにしてくれるわけではありません。
「あなたが」本気になり、自分自身で学ぶからこそスキルが身について、徐々に勝てるトレーダーへと「あなたが」成長していくわけです。

　そして、トレードという行為も最終的には自分自身で行なうものです。最後に頼れるのも自分だけ。私はこういう意味もこの「投資は自己責任」という言葉には含まれているのではないか、いや、含めて考えるべきなのではないかと思っています。

ぜひこのマインドセットをもって本書を読み進めてみてください。

CHAPTER 1

CHAPTER 2

CHAPTER 3

CHAPTER 4

CHAPTER 5

CHAPTER 6

CHAPTER 7

Point

- 相場の世界では知識量よりも、その知識を使う考え方や心構えが勝敗を左右する
- 失敗やメンタルの揺さぶりに対処するためには、自己責任の意識が不可欠
- 自らが本気で取り組み、自己成長を遂げる意志が必要になってくる

---

06 / 手法の位置づけ

トレードで成功するためには、環境認識や資金管理、マインドセットの強化が不可欠です。これらを踏まえたトレードルールを自ら構築し、環境認識を基に安定した結果を追求していきましょう。テクニックはそのうえで加味していくといいでしょう。

▶ 自分で作り上げるルールは「強い」

　トレードをする際には、現在の相場がどういう状況なのか、その現状把握である環境認識が重要であるという話をしました。次の作業として、実際にどこでエントリーをしてどこで決済をするのか、その方法などが問題になってきます。私はこのエントリーや決済の具体的な方法や細かなテクニックのことを「手法」と呼んでいます。

　手法という言葉を使う際に、いわゆる環境認識や資金管理も含めたトレードルール全体のことを言っている方も多くいます。このこと自体はそれぞれの考え方によりますし、さほど重要なことではないので、そのように全部ひっくるめて手法と考えていただいても別に問題はありません。

　ただ、私が何か物事を考える際は、次のように意識しています。まず、複雑な物事は一度その構成する要素にできるだけ分解して、まずはその最小単位で考え方をまとめる。1つ1つの考えがまとまったら、それらを再構築して全体としてのバランスを調整していく。このように考える

CHAPTER 1

CHAPTER 2

CHAPTER 3

CHAPTER 4

CHAPTER 5

CHAPTER 6

CHAPTER 7

ほうが、課題やその解決策も明確になりやすく、頭の整理としても優れているのではないかと考えています。

　ですから、トレードにおいても環境認識や資金管理、具体的なエントリー、決済の方法やテクニックも、まずは概念としては分けて考えてみるほうがわかりやすいのではないかと思います。

　それを踏まえて再構築して出来上がった自分のトレードに対する考え方やルールというものは、端的に「強い」ものになります。細部まで考え抜かれたうえでそのバランスの調整までされているため、ちょっとやそっとじゃブレないようになるのです。

　また、「手法通りやっているのに最近うまくいかない」などの不具合が発生しても、どこが悪いのか、どう修正すればいいかを見つけやすくなるでしょう。

　私のトレードでは裁量トレードという言葉に甘えて感覚でやっているところもあります。しかし、それができるのはトレードにおける要素を1つ1つ分解して考え抜き、それらを再構築してバランス調整までした結果、「ここは明確に数値で管理しよう」「その代わりここはある程度アバウトでもいい」などと考えているという背景があります。

　そういう私自身の経験や考え方において、具体的にどこでエントリーして、決済するかというのは、トレードスキル全体における重要度としてはかなり低いという考えに至りました。

▶ 手法はトレードをより安定させるためのもの

　細かなテクニックに関しては不要だとすら思っています。それは、ここまで紹介してきた環境認識や資金管理、マインドセットのほうが重要性がはるかに高いからです。

　環境認識の精度さえ高ければ、あとはある程度アバウトにエントリーや決済をしても利益になります。言い換えると、環境認識のスキルが高ければ、細かな手法やテクニックに頼らずともどこでエントリーや決済

をすべきか自然と見えてくるはずです。

　また、資金管理やマインドセットを身につけていれば、資金を失って相場から退場させられることもありません。

　じゃあ手法は何のためにあるのかというと、私は「手法はトレードをより安定させるためにある」と考えています。

　エントリーや決済はアバウトでもいいといっても、完全な裁量トレードでは安定して利益を上げ続けるという点に多少の不安が残ります。何より、いつもその都度考えていたのでは頭も疲れてしまうでしょう。それを避けるために一応のルールは決めておく、これが私の手法に対する位置づけです。

　細かなテクニックについても、それらはあくまで利益を最大化させたり、無駄な損失を避けたりするために有効な「場合がある」という程度で、トレードで勝つための絶対条件ではありません。

　あくまで利益を最大化させるのに一番有効なのは適切な環境認識であり、無駄な損失を避けるのに一番有効なのが資金管理、それらを支えるのがマインドセットである、というのが私の考えです。

　まずはこの土台をしっかり固めていく。そのうえで細かなテクニックなどを取り入れるのはとても効果的だと思います。

Point

- 自分で作り上げたトレードルールは強固で、不具合が発生しても修正が容易
- 手法はトレードをより安定させるもの
- 土台を構築し、その上にテクニックを加えることが効果的

CHAPTER 1
CHAPTER 2
CHAPTER 3
CHAPTER 4
CHAPTER 5
CHAPTER 6
CHAPTER 7

07 トレードスキルはピラミッド式に積み上がっていく

マインドセットがすべての土台であり、環境認識や資金管理が重ねられ、最後に手法が加わります。勝率向上や利益最大化には、これらのスキルの積み上げが不可欠です。手法の特化も大切ですが、マインドセットから着実にスキルを積み上げることが理想的です。

▶ すべての土台はマインドセット

　本書では、トレードスキルを環境認識、資金管理、マインドセット、手法の4つに分解していきます。この中で重要なのは、環境認識と資金管理、それからマインドセットであり、手法の重要性は低いという話をしました。

図 1-7　スキルピラミッド

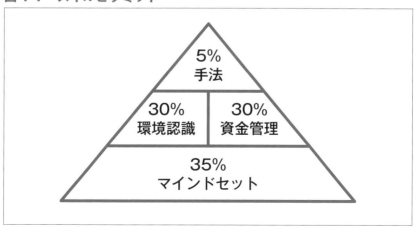

そのうえで、これらのスキルの考え方にも私の中で確固とした考え方があり、「トレードで稼ぐ」という観点からみなさんにも知っておいていただきたいことがあります。

　それが、「マインドセットがすべてのスキルの土台であり、その上に環境認識と資金管理が積み上げられ、最後に手法がくる」という考え方です。

　マインドセットが重要な理由についてはすでに説明しましたが、トレードで稼いでいくために必要な考え方や価値観は、そのままトレード戦略にも影響してきます。

　例えば、少ない資金を短期間で大きくしようとするギャンブル的な思考と、余剰資金をしっかり準備してコツコツ増やしていこうとする思考では、当然そのための環境認識や資金管理の方法も異なってきます。環境認識や資金管理はそれ単独のスキルやテクニックではなく、どういうふうにトレードをしたいか、ひいてはトレードに対してどのように考えているかと密接にかかわってきます。

　それらのスキルを実際に運用する場面においても、自分の中に確固とした考えがないと、行き当たりばったりのトレードになったり、気づかないうちに当初の判断軸と異なっていたりということになりかねません。それくらいマインドセットはすべての土台になってきます。

▶ トレードで勝てるようになるステップ

　そのマインドセットに支えられた環境認識と資金管理のスキルがあって、初めて手法の優位性も発揮されます。

　しかし、ここでさらに知っておいてほしいことは、トレードで稼げるようになるという意味での損益分岐ラインは、マインドセット、環境認識、資金管理と積み上がったスキルが一定ラインを超えている場合です（図1-8）。

図 1-8　スキルピラミッド・損益分岐ライン

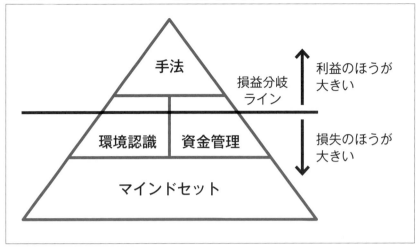

　これは私の個人的な感覚の話になりますが、トレーダーとしての考え方や価値観が固まり、それを土台としたトレード戦略も構築したうえで、ある程度適切な環境認識と資金管理を身につければ、勝ちトレードのほうが増えてくると思っています。

　つまり、「トレードで稼げるようになりだす」ということです。相場の世界で稼ぎ続けられるトレーダーは少数派ですが、裏を返せばこのトレーダーに必要な土台が固まらずにトレードをしている人が大多数なのではないか、だからそのスキルが一定水準以上になればお金は増える……私自身はこのように考えています。

▶ 私が伝えたい理想のステップ

　そこから先は、勝率や利益率を高めたり、利益にできる相場を増やしたりといった1つ上の次元の話になります。正直この部分に関しては、私もまだまだ鍛錬中であり、その奥の深さには未だに驚かされます。ただし、ここまでくると半分は趣味の世界です。お金を稼ぐという点においては、その前段階までスキルを高めれば問題ありません。

ですから、みなさんはまずはしっかりとマインドセットを固める、そのうえで資金管理のルールを作って、あとはひたすら環境認識のスキルを伸ばしていく……。この方針で学習や検証をしていくと、間違った方向に進むことはないと思います。

　図1-9を見てください。損益分岐ラインを手法のスキルを伸ばすことで突破することも不可能ではないと思います。

図1-9　スキルピラミッド・手法特化型

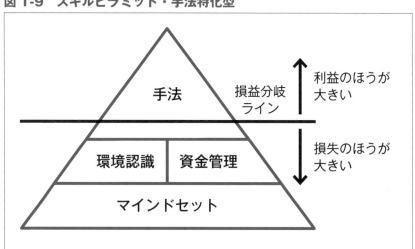

　ただ、手法もしょせんはただの道具、それを使いこなせるかはトレーダー次第という話をすでにしたように、結局はトレーダーとしてのスキルがあってこそです。

　理論上は手法の力で勝てるようになることも可能かもしれませんが、その他のスキルが身についていない状態では現実的にはかなり難しいわけです。

　それならば、一見すると遠回りのように感じるかもしれませんが、マインドセットをしっかり固めて、環境認識と資金管理のスキルを伸ばしていく。そうすると、自分的にはまだまだ未熟だと感じていても利益は出るようになってくる、ということなのです。

私自身は、こういう過程を経てきましたし、今となってはこれが理想のステップアップの過程ではないかと考えています。

Point

- 勝てるトレードの段階に達するためには、マインドセットによって支えられた環境認識と資金管理が必要
- マインドセットを固め、資金管理のルールを設定し、環境認識のスキルを伸ばすことで、トレードスキルは確実に向上する

CHAPTER 1
CHAPTER 2
CHAPTER 3
CHAPTER 4
CHAPTER 5
CHAPTER 6
CHAPTER 7

トレード学習の方法

効果的な学習のためにはインプットからアウトプットへと進むことが不可欠です。特に検証作業を重視し、リアルトレードの前に確実性を高めることが大切です。検証を通じてトレードルールを洗練させ、リスクを最小限に抑えながら成長することが可能になります。

▶インプット → アウトプットへ

　この第1章では、トレードに必要なスキルをマインドセット、環境認識、資金管理、それから手法に分けて解説してきました。最後に今後の学習方法についても解説しておきます。

　まず、大きな方針としてマインドセット、環境認識、資金管理、この3つのスキルを中心に伸ばしていくことを意識してください。これらのスキルの重要性や位置づけはすでに説明したので、この趣旨はご理解いただけると思います。

　手法についても、重要度は低いと言いつつも別に不要とまでは私も考えていません。しかし、普通にトレードの学習をしていればある程度の手法やトレードアイデアにも触れる機会はあるはずで、とりあえずはその程度で十分です。細かいテクニックなどは、あとからその必要性に気づいたときに取り入れていけば問題ありません。

　とは言いつつ、本書を読んでくださっている方の中にはまったくの初

CHAPTER 1

CHAPTER 2

CHAPTER 3

CHAPTER 4

CHAPTER 5

CHAPTER 6

CHAPTER 7

心者という人もいるかもしれません。何から手をつけていいのかわからないときは、最初はあまり深く考えずにとにかくインプット学習に集中してください。まずはトレードの仕組み、証券会社のこと、注文方法など初歩の初歩から学び、ときには細かなテクニックに飛びついても構いません。そうやってある程度トレードのことがわかってきたら、次のステップとして、インプットの量を減らして、徐々にアウトプットの量を増やしていくといいでしょう。

▶ まずは「検証」を中心に

　具体的には、検証作業のウェイトを上げていきます。真面目にFXの学習をしているけれど勝てるようにならないという人の多くは、インプット学習に偏りすぎている傾向があります。逆に、検証量が多い人ほど勝てるようになっているのです。これは私自身だけでなく周りのトレーダーさんを見ていても感じることです。

　ただ注意してほしいのは、「アウトプット＝リアルトレード」ではありません。少し強い言い方になりますが、勝てるかどうかわからないのにリアルトレードをするのは愚行です。そのトレードのためのお金は自分が一所懸命に働いて稼いだお金なはず。勝てるかどうかわからないギャンブルのためにその大切なお金を使わないでください。

　その大事なお金を使うのは、学習や検証を重ねていったあと、自分のトレードを繰り返していけばお金は確率論的には増えるはず、だからこれで負けたら仕方ない、そう思えるようになって初めてリアルトレードを行なってください。

　そのために重要になるのが検証です。検証とはバックテスト（過去検証）とフォワードテスト（デモトレード）のことをいいます。まずは叩き台となるトレードルールを1つ用意して、それを過去チャートで通用するか確認する。通用しなければ修正してまた過去検証。しっかり利益が残ることが確認できれば、今度は現在の相場でも過去検証と同じよう

な結果が出るかをデモトレードで確認。デモトレードでも結果が出れば、ここで晴れてリアルトレードに進んでいきます。

これが検証の一連の流れであり、この検証をしていく中で必要に応じて再度インプットもしていきます。つまり、インプットは検証作業のために行なう。こう考えておくと、不要なインプットや知識に振り回されるということを避けやすくなると思います。
　まったくの初心者も、なかなか結果が出ないで苦しんでいる方も、まずはぜひこの検証を中心とした学習を進めていってください。

図 1-10　学習手順

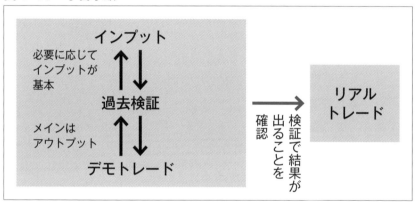

CHAPTER 2

相場の9割は
「環境認識」

09 環境認識を極めることが 利益への近道

FXで利益を上げるためには、環境認識が不可欠です。未来の相場を予測するのではなく、現在の状況を把握し、トレンドに乗ることが重要です。環境認識の重要性とトレンドフォロー戦略に焦点を当てて解説します。

▶FXで利益を上げるための最短ルート

　この章では、FXで利益を上げていくために最も大切なスキルである環境認識について深掘りして解説していきます。

　第1章では、環境認識とは現在の相場が上昇トレンドなのか、下落トレンドなのか、もしくはレンジ相場なのかを見極めるスキルだと説明しました。
　それでは、なぜ「現在」の相場を見極めるスキルが重要なのか。トレードで利益を上げられるようになるには、「未来」の値動きを予測できるかどうかのほうが重要なのではないか、このように思った方も多いのではないでしょうか。

　私もFXを始めて最初の頃は、どうにかして未来の相場、つまりチャートの右側を予測してトレードすることができないかと考えていました（タイムマシンがあればと何度思ったことでしょう）。しかし、気づいたことがあります。それは、「未来のことは誰にもわからない」という、非常に当たり前のことでした。

CHAPTER 1

CHAPTER 2

CHAPTER 3

CHAPTER 4

CHAPTER 5

CHAPTER 6

CHAPTER 7

同時に、「未来とは、過去、現在の延長線上にあるのだから、まずは過去を踏まえて現在の相場がどのような状況かを正確に認識することが重要なのではないか」と考えるようになりました。

つまり、現在の連続した先に未来があるわけです。であれば、現在が上昇トレンドなら直近の未来も上昇トレンドである可能性が高いのではないか。直近の未来が上昇トレンドであれば、そのまた直近の未来も上昇トレンドが続く可能性があるのではないか。少なくとも下落トレンドに転じる可能性よりは高いのではないか。

こうして、**「現在」の相場がどのような状況かを把握する環境認識力を高めることが、FXで利益を上げるための近道なのではないのか**という考えに至りました。

図 2-1　未来は過去と現在の延長

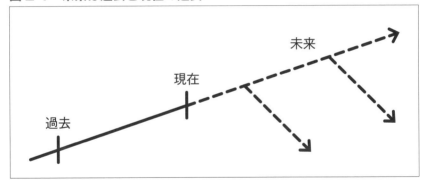

▶ 未来の相場は予測しなくていい

とても簡単に言うなら、現在の相場が上昇トレンドなら、1秒後、突然下落トレンドになっている確率より、上昇トレンドが継続している確率のほうが高いのではなないか、ということです。

これが1分後、1時間後、1日後と間隔が延びるほど、トレンドが継続する確率は下がるかもしれませんが、少なくとも「上昇トレンド継続

≧下落トレンド転換」という関係性は維持されるのではないか、という
イメージです（これはどの時間足を見るかによっても変わってきます）。
要するに、未来の相場を予測しなくていいということです。

「トレードにおいて未来を予測する必要はない」

　こんな言葉を聞いたことはないでしょうか。この言葉の意味を、現在
の相場の延長が未来なのだから、現状把握こそが利益を上げるための最
大のコツである、私自身はこのように理解しています。

　ですから、現在のチャートを見たときに、買い方向で仕掛けるのか、
売り方向で仕掛けるのか、それとも何もしないという判断を下すのか。
最初のこの部分を間違えてしまうと、その後どんなに細かい分析をした
ところで利益を上げることはできません。

　逆に、この部分さえ合っていれば、そのあと多少雑なアクションやミ
スがあったとしてもある程度の利益を得ることはできる、少なくとも損
失という結果を避けられる可能性は高まるのではないか。私自身はこう
考えるようになりましたし、実際にもトレードの勝敗は環境認識で9割
決まると感じています。

　だからこの環境認識の精度をトコトン高めていく、みなさんにもこの
意識をぜひ持ってほしいと思います。

▶ 相場の大きな波にうまく乗る

　また、本書ではトレード戦略の根本としてトレンドフォローを推奨し
ています。このトレンドフォロー戦略において重要なのが、相場の大き
な波にうまく乗るということです。

　口で言うのは簡単ですが、これが非常に難しいわけです。大きな波に
うまく乗るには、現在の波がどういう状況なのかを正確に把握すること
が不可欠です。

　やはりここでも環境認識が重要で、相場の方向性だけでなく現在の波

はどういう波なのかや、各時間足や過去の動きにおける関係性、これら
も踏まえて現状認識をすることで、どのタイミングで波に乗り、または
どこで降りるべきかがわかるようになってきます。

　つまり、環境認識の精度が上がってくると、どこでエントリーや決済
をすべきか自然と見えてくる。だから、下手にインジケーターや細かい
テクニックを使う必要はない。第1章で手法の割合は決して高くないと
説明しましたが、根底にはこのような考えがあります。

Point

- 環境認識は未来を予測するのではなく、現在の相場状況を正確に
  把握することが肝要
- 現在のトレンドを理解し、波に乗っていくことが利益を上げる
  秘訣

CHAPTER 1
CHAPTER 2
CHAPTER 3
CHAPTER 4
CHAPTER 5
CHAPTER 6
CHAPTER 7

10 最初にマスターすべき 相場分析の王道「ダウ理論」

環境認識の重要性を理解したら、次に押さえるべき重要事項、ダウ理論を紹介します。この理論は市場の基本原則を6つの原則にまとめ、トレンドの判断に役立ちます。ダウ理論の基本原則とトレンド転換の考え方を詳しく解説しています。

▶ 高値と安値を意識する

環境認識の重要性をあらためて説明しましたが、そのうえでみなさんに最初にマスターしていただきたい環境認識のスキルの1つが「ダウ理論」です。

ダウ理論とは、米国のジャーナリストであるチャールズ・ダウ（1851年〜1902年）により考案されたマーケット理論で、主に6つの基本原則から構成されます。

基本原則①　平均株価はすべての事象を織り込む
基本原則②　トレンドには3種類ある
基本原則③　長期トレンドは3段階からなる
基本原則④　平均は相互に確認されなければならない
基本原則⑤　トレンドは出来高でも確認されなければならない
基本原則⑥　トレンドは転換の明確なシグナルが出るまで継続する

ダウ理論自体は株式市場を念頭に考案されたものですが、基本的に為替市場をはじめどの金融商品にも当てはまるといわれています。ネット

CHAPTER 1

CHAPTER 2

CHAPTER 3

CHAPTER 4

CHAPTER 5

CHAPTER 6

CHAPTER 7

上には多くの解説記事があったり、書籍でも数多く紹介されたりしていますが、ここでは私がFXにおいて重要だと思うものに絞って解説していきます。

　まず、「基本原則①　平均株価はすべての事象を織り込む」ですが、これは言い換えるとファンダメンタルズも含めて相場の事情はすべてチャートに織り込まれている、ということです。つまり、チャートだけを見てトレードをするテクニカル分析を推奨するものになります。

　ファンダメンタルズの考え方については第6章で詳しく解説しますが、私自身もファンダメンタルズを理由にトレードすることはなく、基本的にチャートだけを見てトレードしています。

　少なくともまずはチャートだけを見て勝てるようにならないかを模索する、それでダメだったり利益をさらに最大化したりする際にファンダメンタルズも考慮する、というのが正しいアプローチの方法だと考えています。

　次に、「基本原則⑥　トレンドは転換の明確なシグナルが出るまで継続する」です。これがダウ理論の肝であり、すべてのテクニカル分析のベースになっていきます。

図 2-2　ダウ理論トレンドの定義

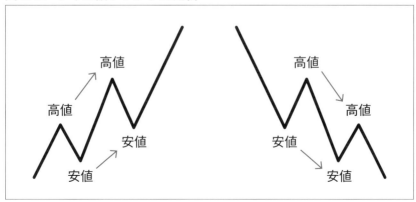

ダウ理論におけるトレンドの判断は主要な高値と安値に注目していきますが、本書で解説する通貨強弱やエリオット波動、その他のテクニカル分析においても、どこを高値や安値と見るかが重要になってきます。

　ですから、インジケーターや細かいテクニックなどを学ぶ前にダウ理論で基礎を身につける、ここを最初のステップとして次に進んでいくのでもいいですし、もちろんダウ理論を極めるだけでも十分な利益を上げることは可能です。

　ダウ理論におけるトレンド判断の方法は、とてもシンプルです。高値と安値が切り上がっていれば上昇トレンド、高値と安値が切り下がっていれば下落トレンド、これだけです。

　一方、トレンド転換の見極め方については、大きく2通りありますので、以下に解説をしていきます。

▶ ①「直近安値、直近高値」での判断

　1つ目が、上昇トレンド中に直近安値を下回ったら上昇トレンド終了（＝下落トレンドに転換）、下落トレンド中に直近高値を上回ったら下落トレンド終了（＝上昇トレンドに転換）したと考える見方です。

　こちらは高値と安値が切り上がっていれば上昇トレンド、切り下がっていれば下落トレンドというダウ理論の定義を素直に考えた場合、その定義が崩れた瞬間、次のトレンドの定義に該当することが確定するので転換したと見ることになります。

　例えば、上昇トレンド中に直近安値を下回った瞬間、高値と安値の切り上がりというトレンドの定義が崩れます。それと同時に、図2-3のようなチャートであればすでに高値は切り下がっており、直近安値を更新した時点で安値の切り下がりも確定しているので、高値と安値が切り下がっているという下落トレンドの定義に該当するというわけです。

CHAPTER 1

CHAPTER 2

CHAPTER 3

CHAPTER 4

CHAPTER 5

CHAPTER 6

CHAPTER 7

図2-3　トレンド転換

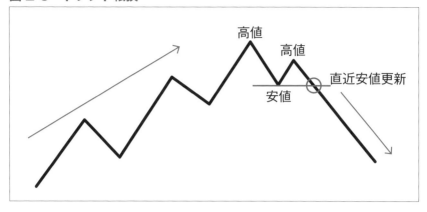

▶ ②「押し安値、戻り高値」での判断

　2つ目のトレンド終了の見方では、「押し安値」「戻り高値」という概念を取り入れ、上昇トレンド中に押し安値を更新したら上昇トレンド終了、下落トレンド中に戻り高値を更新したら下落トレンド終了と考えます。

　押し安値とは、上昇トレンドにおいて直近の高値を作った起点の安値、戻り高値とは、下落トレンド中において直近の安値を作った起点の高値のことをいいます。

図2-4　押し安値、戻り高値

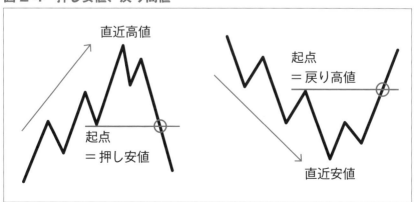

この押し安値や戻り高値を更新した時点でトレンド終了＝トレンド転換したと見る考え方と、押し安値や戻り高値を更新した時点ではトレンドが終了したのみ、その後、高値安値の切り上がり、切り下がりを確認した時点でトレンド転換したと見る考え方があります。

図2-5　トレンド転換のまとめ

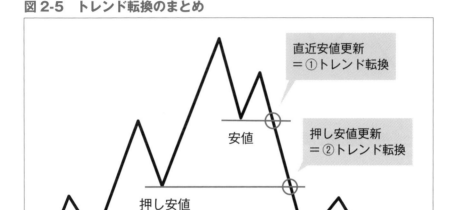

　押し安値や戻り高値という概念を取り入れてトレンド転換を判断する考え方は、「明確なシグナル」というダウ理論の定義をもう少し突き詰めた考え方になり、最終的にどこでトレンド転換するかはまた意見の分かれるところですが、日本ではこの考え方を採用されている方が多いようです。

　一方で、欧米では純粋に高値安値の更新があったらトレンド転換と考えるトレーダーが多いといいます。私も同じ見方をしています。それは、押し安値、戻り高値という考え方に納得がいかないからです。

CHAPTER 1

CHAPTER 2

CHAPTER 3

CHAPTER 4

CHAPTER 5

CHAPTER 6

CHAPTER 7

　いろいろな説明がされますが、なぜ押し安値、戻り高値が重要なのかという問いに対しては、多くの市場参加者が見ているからという説明に収斂されます。

　では、なぜ多くの市場参加者が押し安値、戻り高値を見ているのかというと、押し安値と戻り高値は重要だからと説明されます。この結論をもって理由を説明する循環論法が個人的にどうしても肌に合わないというのが理由の1つです。

　そもそもダウ理論の考案者であるチャールズ・ダウは書籍などを残しておらず、この押し安値や戻り高値という概念も本来のダウ理論には存在しません。

　そして一番大きな理由は、押し安値や戻り高値という概念を採用しなくても「検証上、自分のトレードには影響がないと判断した」からです。むしろ、「シンプルに高値安値の更新だけを見ていたほうが勝率や利益率が最大化した」、ここに尽きます。

　本質は、自分のトレードにとってポジティブな結果を生むのかネガティブな結果を生むのかが大事だということです。テクニカル理論的に正しいかどうかは二の次なのです。

　ダウ理論においてトレンド転換をどう考えるかというアイデアは紹介した通りです。あとはみなさんご自身で検証して、どれが自分にとっての最適解かを確かめてみてください。

┌─ **Point** ─────────────────────

● ダウ理論は市場の基本原則を6つの原則にまとめたもの
● トレンド転換の見極めには、高値と安値の動向に注目する
● ダウ理論をマスターすることは相場の基礎を学ぶ上で重要

11 ダウ理論における 波形の捉え方のポイント

トレンドを捉えるためには、一貫性を持った波形の捉え方が重要です。ダウ理論の重要な概念である「主要な」高値と安値を見極める方法について解説します。

▶「主要な」高値と安値とは？

　ダウ理論では主要な高値と安値を捉えてトレンドを判断していきます。ここで問題になるのが、「『主要な』高値安値とはどのようなものなのか？」ということです。

　ダウ理論自体は、多くのテクニカル分析の中でも非常にシンプルな理論です。シンプルゆえに裁量の幅が広く、私もこの点に長年苦労してきました。そこで、ここでは「主要な高値安値」を判断するためのいくつかの材料を紹介していきます。

　まず、高値安値を見極めて波形を捉える際には、ある程度同じ間隔で捉えていくようにしてください。この基準がその都度バラバラになっていると、環境認識が不安定になるため、トレードの成績も不安定になってしまいます。

　常に同じ基準で環境認識ができるから優位性を発揮できる、この考え方はいつも頭に入れておいてください。

　そのうえで山や谷の間隔を意識すると、ある程度統一感を持った波形の捉え方ができると思います。

図 2-6　波形の山と谷

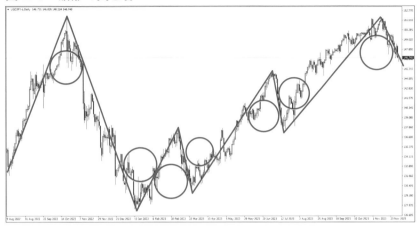

▶ 波形の捉え方は大→小

　次に、相場の大きな流れを捉えようとする場合、何か特別な意図がない限り、波形は大きく捉えることをおすすめします（図2-6）。

　本書で紹介しているトレード戦略はトレンドフォローです。大きな流れを把握して、その流れにうまく乗れた際に利益が最大化するトレード

図 2-7　波形の捉え方（エントリー時など）

戦略になります。

このようにして大きな流れを把握したら、時間足を落として実際にエントリーのタイミングを計っていきますが、この際には少し小さく波形を捉えるのがおすすめです。エントリータイミングや決済タイミングを逃さず、上位足で捉えた大きな波に乗ることが目的だからです。

さらに、高値安値の見極め精度を上げるなら市場参加者に意識されている高値安値に注目してみてください。チャートに水平線を当てて上下させながら、よく反応している高値安値はどこかなと探っていくイメージです。

この際、上値や下値を抑えられている高値安値だけでなく、サポートレジスタンスライン（サポレジライン）として機能している高値安値を捉えることは必須です。

実際のエントリータイミングとしてもサポレジラインは優位性が高いのでここは意識するようにしてみてください。

図2-8　サポレジライン

▶言語化で自分の意図を明確にする

ここまで高値安値を見極めるためのアイデアをいくつか紹介してきま

したが、本質的なコツは、しっかりとした意図を持って高値安値を見ていくことです。

　例えば、前述の大きな流れを把握する場合やエントリー・決済時の波形の捉え方において、私はちょっとした理由をちゃんと説明していますよね。このように、**「なぜそのような波形の捉え方をするのか?」「なぜそこを高値安値と見るのか?」ということを言語化できることが大切です。** 言語化とともに環境認識をしていくことが非常に大切なのです。

　私を含め、誰かが言っているからそれが正しい、ということはありません。そこにどのような「あなたの」意図があるのか、それが一番重要です。現にここでは、「大きな流れを捉える際には大きく波形を捉えましょう」と言いましたが、後ほど解説する通貨強弱における環境認識ではかなり細かく高値安値を捉えて波形を見ていきます。そこにもちゃんと意図があるわけです。

　といっても最初から意図を明確にするのも難しいと思うので、まずはここで紹介したアイデアなどを参考にしてみてください。慣れてきたらさまざまなあなたの自身の仮説を立て、試行錯誤をしながら波形の捉え方に取り組んでいくことで、自分に合った見方ができるようになってくると思います。

Point

- 高値安値の捉え方には一貫性が重要であり、市場参加者が意識している水準に注目する
- 相場の大きな流れを捉えるためには、大きな波形を捉えることが有益
- 高値安値の見極めには、自身の意図を言語化し、慣れてきたら独自の見方を模索すること

12 / 波形を捉える 効果的な練習方法

波形を捉えるには実践的な練習が不可欠です。効果的な練習方法として、指でなぞる方法と ZigZag を活用する方法を紹介します。手を動かすことで脳が活性化し、自分なりの波形を捉える基準が構築されます。

▶ 2つの方法

　波形は目的意識を持って捉えることが大事と言っても、それができるようになるためには実際に手を動かして練習していくしかありません。そこで、ここでは私も実際に取り組んで成果を出すことができた、波形を捉える練習方法を2つ紹介します。

①指でなぞる

　1つ目は「チャートを指でなぞる」という方法です。チャート画像をプリントアウトして指でなぞってもいいですが、私自身はパソコンのチャート画面にマウスのポインタを合わせて波形をなぞっていました。

　やってみるとわかると思いますが、実際になぞろうとするとけっこう迷うポイントが出てきたり、波形の間隔がバラバラになっていることに気づいたりします。

　まさにこれが狙いです。人間は手を動かすと脳が活性化するといわれており、眺めるだけでは見えないことに気づくことができるのです。

　この過程で自然と試行錯誤をして、自分なりの波形を捉える基準が構築されていきます。私はこれを毎日複数の通貨ペア、時間足でひたすら

練習していました。一度騙されたと思ってやってみてください。

② ZigZag

とはいっても、これすらレベルが高いと感じる方もいるかもしれません。そんな方には2つ目の練習方法として「ZigZag」というメタトレーダー4（MT4、チャートソフト）専用のインジケーターを使ってみることをおすすめします（TradingViewにもあります）。ZigZagは自動でチャート上に波形を描写してくれるインジケーターです。

図2-9　ZigZag

「どの高値安値に注目して波形を描いていったらいいか全然わからない」という方は、このZigZagを活用することで、波形を描く感覚が養われていくと思います。

ただし、このZigZagに頼るのは最初のうちだけにしてください。少しずつ自分の中で波形を捉える基準が出来上がってくると、ZigZagが描く波形と異なる部分が出てくるはずです。それをノイズに感じ始めたら、インジケーターの外しどきです。

やはり理想は自分で高値安値を見極めて、狙いを持って波形を捉えられるようになることです。あくまでここへ至るまでのファーストステッ

プとしてZigZagを活用してみてください。

とにかく、練習量がものをいう部分です。毎日コツコツ積み上げていきましょう。

Point

- 指でチャートをなぞる方法は、波形を視覚化し基準を構築するのに効果的
- 練習量が重要であり、毎日の積み重ねが自分の波形の捉え方を確立する鍵
- ZigZag は初心者にとっては手助けになるが、最終的には自己の波形の捉え方を習得することが目標

13 / インジケーターには頼りすぎないこと

インジケーターはトレードの手助けになりますが、過度な依存は避けるべきです。ローソク足を最強のインジケーターと考え、自信を持ってトレードするスタンスを目指すことが重要です。

▶ 目指すべきスタンス

　初心者向けに波形を捉える手助けをしてくれるインジケーターとしてZigZagを紹介しました。他にも移動平均線（MA）やボリンジャーバンドなど、トレンド判断や相場分析そのものに使えるインジケーターは多くあります。

　ですが読者の方には、なるべくインジケーターに頼らないトレーダーになってほしいと思っています。「別にインジケーターがなくてもトレードできるけど、便利だから使っている」、このスタンスを目指してください。

　というのも、多くのインジケーターは移動平均線、もしくはその考え方を応用して作られており、その移動平均線はローソク足をもとに作られています。

　つまりインジケーターという性質上、どうしてもローソク足の後追いになってしまい、インジケーター頼みのトレードだと高値づかみや安値づかみになったり、損切りや利益確定が遅れてしまうことが多くなってしまいます。これがインジケーターの組み合わせや数値を変更しての聖杯探しがうまくいかない理由の1つです。

また、どのチャートソフトにも入っているようなメジャーなインジケーターであればまだいいですが、少しレアなインジケーターやオリジナルインジケーターの場合、仕様変更などでいつ使えなくなるかわかりません。

長期的に稼いでいこうというトレーダーにとってそのような不安定な道具頼みのトレードは避けるべきというのが私の考えでもあります。

▶ローソク足は最強のインジケーター

以上の点を踏まえると、「ローソク足が最強のインジケーター」と私は考えています。理想は、インジケーターを使わず、ローソク足のみでトレードできる状態まで自分を高めていく。インジケーターを使うにしてもメジャーなインジケーターをデフォルトの数値で使い、あくまでなくてもいいが、便利だから表示しているというスタンスがおすすめです。

私自身も通貨強弱を見る際に基本ローソク足に水平線を引くのみで、補助的にMACDを表示していますが、MACDを見る機会は決して多くありません。エリオット波動トレードでも、インジケーターがなくてもトレードする自信があります。このような状態になるまでは決して簡単な道のりではありませんが、ぜひ読者のみなさんにも目指していただきたいと思っています。

Point

- インジケーターは便利だが、過度な依存は避けるべき
- ローソク足を基本としてトレードし、インジケーターは補助的に使用する姿勢が理想
- インジケーターを使う場合はメジャーなものを標準設定で使用し、自己のトレードスキルを向上させる方向に努めること

14 / マルチタイムフレーム（MTF）分析

マルチタイムフレーム（MTF）分析は、複数の時間足を見ることでトレードの精度を高めることができます。各時間足の見方や位置づけを理解し、トレードの意図を明確にすることが鍵となります。

▶ マルチタイムフレーム分析の真髄とは

ここまで環境認識におけるトレンド判断のコツとして高値安値の見極め方などをお伝えしてきましたが、もう1つ重要なファクターがあります。それが、マルチタイムフレーム（MTF）分析という考え方です。

「複数の時間足を見て、上位足と同じ方向であることを確認して下位足でエントリーを仕掛ける」、一般的にMTF分析はこのような認識ですし、これだけでも十分な優位性を生み出すことは可能です。

しかし、本書ではさらにその先、MTF分析の真髄とでもいうべきところまで理解を深めていきたいと思っています。この部分に関しては、このあとの通貨強弱やエリオット波動の章を読み進めていくとより詳しくご理解いただけると思うので、まずは全体的な話からはじめましょう。

▶ 各時間足を見る目的や意図を明確にする

1つ目が、各時間足を見る目的や意図を明確にするということ。例えば私は、日足、4時間足、1時間足など3つの連続する時間足（長期足、中期足、短期足）を見ていることが多いです。

そこには明確な意図があり、中期足で発生する1つの波を取るために、長期足でそのトレンドや勢いを確認する。問題がなければ短期足でエントリータイミングを計って仕掛け、中期足の様子も見ながら短期足で決済の意思決定をする、という具合です。

図2-10　各時間足を見て相互の関係性を確認する

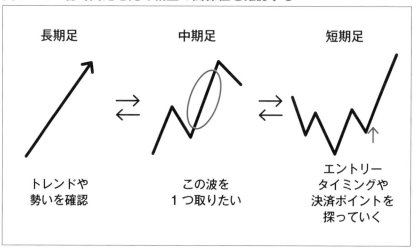

単純に3つの時間足が同方向になったときにトレードをする、という形でも悪くはないのですが、より勝率や利益率を最大化したいのであれば精度の高いトレードが必要になってきます。

その1つの要素が、各時間足を見る目的を明確にすることです。他にも現在見ている時間足の波は、上位足や下位足においてどのような位置づけであるのかをイメージできるようにすることもMTF分析の1つのゴールです。

この各時間足の位置づけをイメージできるようになると、時間足を自由に選んでトレードすることも可能になってきます。例えば、1時間足でいいエントリーポイントを見つけたけれど損切り幅が広すぎてトレードしにくいといった場合、15分足に落として損切り幅を縮めて仕掛け

ることもできるという具合です。

図2-11　損切り幅を縮めるテクニック

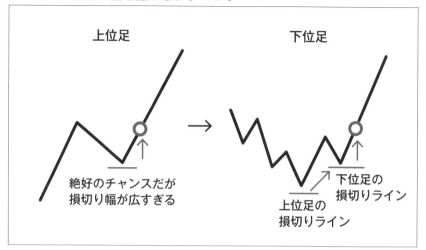

上位足　　　　　　　下位足

絶好のチャンスだが
損切り幅が広すぎる

上位足の
損切りライン

下位足の
損切りライン

　私自身も一応スイングトレーダーということで取引をしていますが、特定の時間足でトレードしているからスイングトレーダーという認識ではなく、トレードしやすそうな時間足を選んでトレードしている結果として、スイングトレーダーになっていたというイメージです。

　基本的には1時間足でトレードすることが多く、ときどき4時間足や日足、15分足や5分足でトレードすることもありますが、やっていることは同じです。

　このような各時間足の見方をできるようになるコツは、その時間足の動きは上位足や下位足だとどういう動きになるのかをその都度イメージして答え合わせをする、これに限ります。

　例えば、「4時間足で上昇トレンドが発生しているけれど、日足では下落トレンド中の戻しにすぎないな」「1時間足では下落トレンドが始まったように見えるけど、これは4時間足の押し目かな」といった具合です。

このような見方ができるようになると間違いなくトレーダーとしての
レベルが一段上がります。ぜひ根気強く続けてみてください。

Point

- 各時間足の見方や位置づけを理解し、トレードの意図を明確にすることが重要
- マルチタイムフレーム分析はトレーダーの勝率や利益率を向上させる

CHAPTER 2

CHAPTER 1
CHAPTER 2
CHAPTER 3
CHAPTER 4
CHAPTER 5
CHAPTER 6
CHAPTER 7

15 チャートパターンで
トレードする際のポイント

チャートパターンのトレードで重要なのは、どこでそのパターンが発生するかですが、それを把握するためにはマルチタイムフレーム分析の理解が基盤であり、特定の時間足での位置づけが重要です。パターンの優位性は、その発生する際の上位足や下位足での位置にあります。

▶ どこで発生しているかが重要

マルチタイムフレーム分析の考え方をさらに深めるために、いわゆるチャートパターンについての私の考え方も紹介していきます。

結論から言うと、「チャートパターン自体には何の優位性もない」、これが私の持論です。「いきなり何を言っているんだ」と思うかもしれませんが、ここではその理由を説明していきます。

チャートパターンはどこで発生しているかが重要で、そのために上位足や下位足での位置づけが大切になってきます。つまり、MTF分析がベースにあって初めてチャートパターンは機能するものだと考えているのです。

例えば、ヘッド＆ショルダーズというチャートパターンはトレンド転換のサインといわれていますが、これは上位足の押し目や戻しの部分で発生することで優位性を発揮します。

図2-12では、上位足は下落に進むための戻しの部分です。この部分を下位足に落とし込んで見てみると、ヘッド＆ショルダーズが形成され

図2-12　上位足の戻し部分が下位足のヘッド＆ショルダーズ

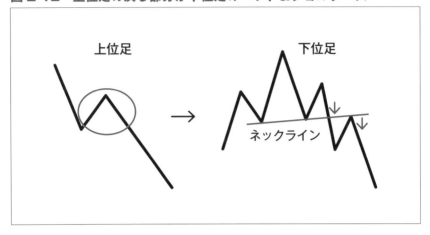

ており、トレードのチャンスがあるとわかります。

　ここでは、ヘッド＆ショルダーズ完成と同時にネックラインブレイクを狙う、または完成後にサポレジラインの反発を確認して仕掛ける、こうしたトレードが鉄板だと思います。

　すべては「どこでヘッド＆ショルダーズが発生しているか」が重要です。図2-12の箇所では優位性が高いというわけです。これは他のチャートパターンにもいえます。

▶出来上がったチャートからさかのぼって分析してみる

　このように、各時間足での位置づけをイメージできることが大切です。これができるようになるには、現在進行形のチャートでその都度練習するのも手ですが、出来上がったチャートパターンから逆算して、上位足や下位足を確認していくという方法がおすすめです。

　むしろ、最初は後者の方法でチャートパターン発生時の各時間足の動きを頭に入れて、それから右側が見えないチャートでその都度イメージしながら時間の経過とともに答え合わせをしていく、という流れがスムーズかもしれません。

優位性がある局面でのチャートパターンは効果を発揮するので、ぜひ自分自身でも分析をしてみてください。

Point

- チャートパターンの優位性は、その発生する際の上位足や下位足での位置にある
- マルチタイムフレーム分析の理解が重要であり、出来上がったチャートから逆算して分析する方法が効果的

16 最初はスイングトレードを
おすすめする3つの理由

初心者向けにスイングトレードをおすすめする理由を紹介します。大きな時間足でのトレードは波形を捉えやすく、上位足の確認をする習慣ができるメリットがあります。また、忙しい生活スタイルにも合わせやすい特性があります。

▶ どのスパンでトレードしていくかを決めよう

　ここまで、ダウ理論やMTF分析など、環境認識のコツを解説してきました。理屈自体はそんなに複雑なものはなかったことでしょう。これらをスキルとして身につけるには実践あるのみです。

　ただし、実際にお金をかけてやりましょうという意味ではありません。まずはデモトレードで練習を重ねてください。その際にスキャルピングやデイトレードなど、どのスパンでトレードするかは最終的にはみなさんの好みで決めてもらっていいのですが、私のおすすめは圧倒的にスイングトレードです。その理由を3つお伝えします。

▶ ①波形を捉える

　スイングトレードをおすすめする1つ目の理由は、波形を捉える練習に最適だからです。

　大きな時間足ほどチャートがきれいで動きもゆったりとしていることが多く、初心者でもトレンドの方向を比較的簡単につかむことができます。トレード自体の難易度も抑えやすいというメリットがあります。

反対に、短い時間足だと価格が飛ぶなど、いわゆる「窓」が空いていたり、急な乱高下があったりとチャートが汚いことが多く、波形を捉えるのに一苦労します。

ですから、まずは大きな時間足で当たり前に波形を捉えられるように練習するために、スイングトレードはおすすめです。

▶ ②上位足を見る習慣

2つ目の理由が、上位足を見るクセがつきやすいということです。

スキャルピングやデイトレードなどでも上位足は確認するかと思いますが、ほとんどの場合、月足や週足まで見ることはないでしょう。ですが、スイングトレードであれば月足から週足、日足、4時間足、1時間足と順番に時間足を落としていき、その中で現在がどのような相場なのか環境認識を行なっていくことが多いです（これをおすすめします）。

このような見方をしていくことで、自然と各時間足の位置づけや関係性を意識する機会が増え、MTF分析のスキル向上も期待できます。

また、長期足から時間足を落としていくことは、トレードスタイルを決定する際にもメリットがあります。ここではスイングトレードをおすすめしていますが、あくまでそれはスキルアップが目的です。だんだんと時間足を短くしていき、デイトレードやスキャルピングの時間足にトレードスタイルを変更していっても将来的には構いませんし、そのほうがスムーズだと思います。

逆に、最初にスキャルピングから入って短期足の時間の流れに慣れてしまうと、そこからデイトレードやスイングトレードに時間足を上げていくのは意外と難しいところがあります。

したがって、トレードスタイルの変更を考えるにしても長期足から見るクセをつけるにしても、スイングトレードがおすすめなのです。

▶③さまざまな生活スタイルに合わせやすい

　3つ目の理由は、何よりどのような生活スタイルにも合わせやすいというメリットがあることです。

　トレードをする際に、どの時間足を主戦場とするかに悩むことがあると思いますが、基本的に時間足確定のタイミングでチャートを確認して意思決定をしていくことになります。

　例えば日足なら、1日1回朝の7時に確認、4時間足なら1日5回7時、11時、15時、19時、23時、（3時にも確認すれば1日6回になりますが、ここはさすがに寝ている時間でしょうか）に確認するという具合です。

　逆に、4時間足を表示しているのに、それ以上の頻度でチャートチェックをしたり画面に張りついて監視していたりでは、なぜその時間足を見ているかわからなくなりますよね。

　このようにチャートチェックのタイミングを考えた場合、普段仕事や家事や育児に忙しい方が最小限の労力で相場と向き合えるトレードスタイルを模索すると、スイングトレードが第一候補に挙がってくるのではないかと思います。

　もちろん、夕方のロンドンタイム、夜のNYタイムなど各市場時間に負担なく確実にチャートを見られるという人であればデイトレードやスキャルピングでも構いません。ですが一番に考えていただきたいのは、勝てるかどうかやいくら稼げるかより、**「継続して続けられるか？」を最優先にすることです。**

　ここはトレーダーによって考え方が分かれるところかもしれませんが、いくら勝てるトレードスタイルでも継続できなければお金は増えません。一方、継続できるトレードスタイルであればその継続する過程で試行錯誤や修正ができ、いずれ勝てる方法も見つけられると私は思います。

　その方法論が確立した段階ではすでに続けやすいスタイルでやっているわけですから、そこからは雪だるま式に資金を増やしやすくなってきます。ぜひ、トレードスタイルやルールを決める際には継続できるかど

うかを最優先に考えてみてください。

CHAPTER 1
CHAPTER 2
CHAPTER 3
CHAPTER 4
CHAPTER 5
CHAPTER 6
CHAPTER 7

Point

- 初心者にはスイングトレードが有益。波形を捉えやすく、上位足確認のクセがつきやすい
- 忙しい生活スタイルにも適しており、継続しやすいトレードスタイルとしておすすめ

17 / スイングトレードの 3つの注意点

スイングトレードの注意点として、時間足の確認タイミング、pips の重要性、資金管理の徹底があります。確実な利益を得るために、これらのポイントを押さえることが重要です。

▶ ①時間足（確定）のタイミングで毎回確認をする

　この本では、基本的にスイングトレードをおすすめすると述べましたが、注意点もいくつかあります。

　その1つ目が、必ず時間足確定のタイミングで毎回確認することです。
　というのも、やはり時間足が大きくなるほどトレードチャンスの数は減ってきてしまいます。その数少ないチャンスを確実にものにしていくためには、チャートチェックは欠かせません。つまり、定点観測が着実に利益を上げていくためには必要になってきます。

　ですが、チャートに張りつくわけにもいきませんし、逆にずっと張りついていたらその時間足を見ている意味がなくなるので、時間足確定のタイミングでの定点観測が重要になってきます。
　日足なら1日1回、4時間足なら1日5回など確実にチェックするようにしてください。そうすることで、見方を変えれば24時間チャートをチェックしていることになると私は考えており、これは他のトレードスタイルにはないメリットでもあると思います。
　逆に、この定点観測をサボってチャンスを逃してしまうと、その後悔

や焦りからトレードルールを破ったり、無理なトレードをしてしまったりする原因にもなりかねません。無駄なリスクを取らないためにも、日頃からチャートチェックをルーティンに組み込むことを強くおすすめします。

▶②しっかりとpipsを狙う

2つ目の注意点は、しっかりとpipsを狙ってほしいということです。スイングトレードはその性質上損切り幅が広くなりやすく、あまりロットを張りにくい部分があります。そのため、リスクリワード的にもしっかりとそれに見合った値幅を狙いにいかなければ割に合いません。

最低でもリスク1に対して利益2くらいは狙っていきましょう。ただし、しっかりトレンドフォローを徹底していれば、リスクリワードはあまり気にする必要はなく、自然とリスクリワードが1：2や1：3以上にはなるはずです。

また、スイングトレードは資金力がないと稼げないと思われがちですが、FXの利益は「pips×ロット」です。ロットが張りにくいのであればpipsで利益を伸ばす、この考え方は常に持っておいてください。

▶③資金管理を徹底する

スイングトレードはポジション保有時間が長く、週をまたいで保有することもあり得ます。ここで問題になってくるのが、土日の間に動きがあり、月曜日に窓を空けて不意の損失を被ること。これが3つ目の注意点です。

ここについてもしっかりとルールを決めておくべきで、金曜日にはポジションを手仕舞って、週をまたがないというのも1つの方法です。

私自身は100pipsの含み益が乗っていなければ金曜日の夜に決済して余計なリスクを排除します。一方で、含み益が100pipsを超えていれば

週をまたいで持ち越す意思決定をすることがありますが、月曜日の窓開けで自分が持っている通貨ペアが100pipsも動くことは稀です。

　仮にそれ以上に動いても、当初の損切り幅が－100pipsなら200pips動いても許容範囲内です。さらに、それ以上動いても1トレード当たりのリスクを限定した資金管理をしているので、致命傷になる確率はさらに低いです。

　私はこのような形で強固な予防線を張っているのですが、この"含み益100pips超なら持ち越しOK"というルールにして週明けにロスカットされたことはありません。

　つまり、資金管理さえ徹底していれば週またぎもそれほど怖がる必要はない、というのが私の見解です。ここは第5章で解説する資金管理も含めてご自身でよく吟味してみてください。

Point

- スイングトレードでは時間足の確認タイミングが重要。定点観測を欠かさず行ない、チャンスを逃さないようにすること
- pipsの獲得とリスクリワードを考慮し、しっかりとした利益を目指すことが必要
- 資金管理の徹底により、週またぎのリスクを軽減し、安定したトレードを行なうことが可能になる

CHAPTER 3

最強の
環境認識方法①
勝率・利益率を上げる
「通貨強弱」の見方

18 / 他の金融商品にはない
為替の本質

通貨強弱を把握することは、FXトレーダーにとって不可欠です。これはトレンドの方向性を見極めるうえでの鍵であり、レンジ相場との区別も可能にします。通貨強弱を正しく把握することで、エントリーポイントをより精密に特定できます。

▶通貨には強弱があり需給が決まっている

　ここからは私の環境認識方法のコアである通貨強弱について解説していきます。

　そもそも私たちがトレードしているFXとは、2つの通貨を組み合わせてその間の差益を取っていく金融商品になります。この2通貨の差益が大きければ大きいほど、トレンドが大きく発生し値幅が生まれるというわけです。

図3-1　トレンド相場の強弱関係

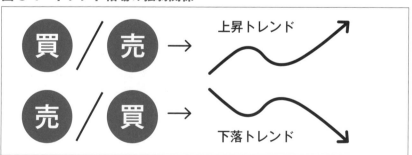

CHAPTER 1
CHAPTER 2
CHAPTER 3
CHAPTER 4
CHAPTER 5
CHAPTER 6
CHAPTER 7

　これを通貨の強弱という観点から説明する場合、例えばドル／円という通貨ペアで、ドルが買われている通貨、円が売られている通貨だとします。そうすると、【買われている通貨】／【売られている通貨】となり、チャート上では上昇トレンドを描くことになります。

　反対に、ドルが売られている通貨、円が買われている通貨という場合、【売られている通貨】／【買われている通貨】となり、チャート上では下落トレンドが描かれることになります。

　ちなみに、上昇か下落かの判断は左側の通貨（通貨ペアの最初にくる通貨）を基準にするとわかりやすいと思います。

　そして、【買われている通貨】／【買われている通貨】や【売られている通貨】／【売られている通貨】など、強弱が均衡している場合には、チャートはレンジ相場やほとんど動かない相場となります。

図 3-2　レンジ相場の通貨強弱

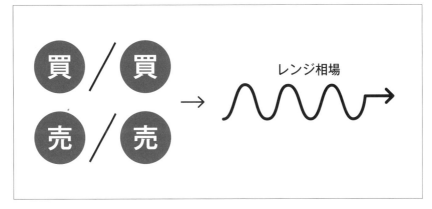

　このように、通貨強弱とは買われている通貨を強い通貨、売られている通貨を弱い通貨と見ていきます。

　つまり、【最も強い通貨】／【最も弱い通貨】という組み合わせの通貨ペアであれば一番勢いのある上昇トレンドを形成し、【最も弱い通貨】／【最も強い通貨】という組み合わせの通貨ペアであれば一番勢い

のある下落トレンドを形成するというわけです。

▶ 最強の環境認識方法

したがって、**強い通貨と弱い通貨を見つけることで、伸びやすい通貨ペアでトレードすることが可能になってきます。**そしてこのような通貨ペアでトレードすることで、わざわざレンジ相場でトレードする必要がなくなり、トレンドフォロー戦略を徹底していくことができるようになっていくのです。

それにより、勝率や利益率も上がっていきますし、特に適切に通貨ペアの選択ができていればエントリー後の初動が思惑方向に動きやすくなります。

これが何を意味するかというと、その後に思ったような値動きをしてくれなかったとしてもエントリーの建値以上で逃げやすくなり、負けを減らすことができるということで、これが通貨強弱をトレードに取り入れる最大のメリットだともいえます。やはりできることなら負けは避けたいですからね。

この通貨強弱という考え方はFX（為替）の特性を活かしているだけなので、基本的にどんなトレードスタイルや手法にも馴染ませやすく、個人的には環境認識の方法として、通貨強弱が最強だと思っています。

Point

- 通貨強弱はトレンドの方向性を確認するための重要なモノサシ
- 強い通貨と弱い通貨を見極めることで、トレンドフォロー戦略を徹底し、エントリーチャンスをより精密に特定できる

CHAPTER 1
CHAPTER 2
CHAPTER 3
CHAPTER 4
CHAPTER 5
CHAPTER 6
CHAPTER 7

CHAPTER 3
19 / 強弱判断の方法

通貨の強弱関係を把握することは、トレードにおいて重要です。通貨の相対的な強さを判断する方法と、それを利用したトレード戦略について説明します。

▶ 強い通貨、弱い通貨の見方

それでは強い通貨と弱い通貨をどうやって見つけていくかというと、これは各通貨ペアを比較していくことでわかってきます。

例えば、ドル、円、ポンドの強弱関係を調べた際に、ポンド／円もポンド／ドルもどちらも上昇トレンドだったとします。この場合、ポンドがいずれに対しても強いのでポンドが最も強い通貨であることは確定しました。

図 3-3　強弱判断の方法①

一方で、円とドルが弱い通貨と判断できましたが、どちらがより弱いかはこの時点ではわかりません。そのため、次にこの弱い通貨同士であるドルと円を比較していきます。ここでドル／円という通貨ペアが上昇トレンドだったとします。

図 3-4　通貨強弱の判断方法②

　この場合、ドルが強くて円が弱い通貨と判断できます。つまり、ポンド、円、ドルの強弱はポンド＞ドル＞円という関係になるので、一番強い通貨はポンド、一番弱い通貨は円ということになります。

　このケースでは、ポンド／円という通貨ペアでより強い上昇トレンドが発生する可能性が高いことがわかるので、ロング（買い）を検討していけばいいということになるわけです。

図 3-5　通貨強弱の判断方法③

CHAPTER 1

CHAPTER 2

CHAPTER 3

CHAPTER 4

CHAPTER 5

CHAPTER 6

CHAPTER 7

▶ インジケーターの良し悪し

このように、各通貨ペアを比較していくことで強弱関係を判断していくのが基本になってきますが、インジケーターを使って判断する方法もあります。有名どころでいえばCCFpやOANDA証券株式会社が提供している通貨の強弱チャートなどがあります。

ここで、「そんな便利な方法があるなら、各通貨ペアを比較するアナログで面倒くさい方法なんて必要ないじゃないか」と思われた方もいるかもしれません。しかし、前章でもお伝えしましたがインジケーターである以上、どうしても反応が遅くなりがちであるという問題点があります。

つまり、インジケーターを見て単純に強い通貨と弱い通貨を選び出してもすでに伸び切った相場が選ばれやすく、高値（安値）づかみからの損失の危険性が高くなってしまうというわけです。

図 3-6　OANDA の通貨強弱チャート

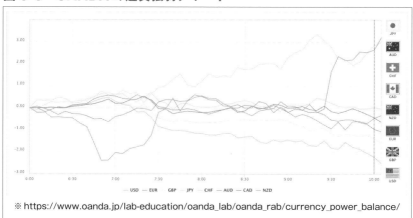

※ https://www.oanda.jp/lab-education/oanda_lab/oanda_rab/currency_power_balance/

私自身はCCFpを使っていますが、あくまで補助としての位置づけで、基本は各通貨ペアを比較して強弱判断をしていくアナログな方法を重視

しています。ですから、読者のみなさんにも通貨強弱の基本はアナログ判断で、もしインジケーターを使うなら補助というスタンスで取り組んでいただきたいと思います。

Point

- 通貨の強弱は通貨ペアを比較することで判断される
- 強い通貨と弱い通貨を特定し、トレードの方向性を把握することが重要
- 基本は通貨ペアの比較によるアナログな判断であり、インジケーターは補助的な役割と考えるべき

20 / 強弱判断のモデルケース

通貨強弱を判断するための実践的な手法を紹介します。ドル、円、ユーロ、ポンドなどの主要な4つの通貨から始め、段階的に通貨数を増やしていく方法をお伝えします。

▶ 具体的な判断方法

　ここからは、より実践的な通貨強弱の判断方法について解説していきます。

　最初におすすめする通貨は、ドル、円、ユーロ、ポンドの4通貨です。まずはこの4通貨で強弱判断に慣れていってください。

　慣れてきたら、次にオーストラリアドルとニュージーランドドルを加えた6通貨で強弱判断を行ないます。慣れてきてこの数で物足りなくなってきたら、スイスフランとカナダドルを加えた8通貨といった形で、扱う通貨は段階的に増やしていくのがおすすめです。

　私もこの8通貨の組み合わせである28通貨ペアでトレードしています。

　具体的な判断方法ですが、私はまずは比較的関係性が高い以下の通貨ペアでまずは強弱関係を調べていきます（これ以外の通貨ペアでも別に問題はありません）。

● ドル／円

● ユーロ／ポンド

● オーストラリアドル／ニュージーランドドル

　次に、**強い通貨同士、弱い通貨同士でも比較して強弱関係を調べて、最終的に最も強い通貨と最も弱い通貨を組み合わせた通貨ペアでトレードを検討していく**、という流れです。

　それでは実際のチャートを使って見ていきます。

　ドル／円は（図3-7）直近安値を下回った矢印のローソク足で下落トレンドに転換したと考えられるので、ドルが弱く、円が強い通貨と判断しました（通貨強弱におけるトレンド判断については、後ほど詳しく解説します）。

図3-7　ドル／円チャート

　ユーロ／ポンド（図3-8）も直近安値を下回った矢印のローソク足で下落トレンドに転換したと考えられるので、ユーロが弱く、ポンドが強い通貨と判断しました。

図3-8　ユーロ／ポンドチャート

　オーストラリアドル／ニュージーランドドル（図3-9）は、直近高値を上回った矢印のローソク足で上昇トレンドに転換したと考えられるので、オーストラリアドルが強い通貨、ニュージーランドドルが弱い通貨と判断できます。

図3-9　オーストラリアドル／ニュージーランドドルチャート

　これにより、以下のことがわかります。

CHAPTER 1
CHAPTER 2
CHAPTER 3
CHAPTER 4
CHAPTER 5
CHAPTER 6
CHAPTER 7

● 強い通貨＝円、ポンド、オーストラリアドル
● 弱い通貨＝ドル、ユーロ、ニュージーランドドル

　続いて、強い通貨同士の比較をしていきます。ここでは特に順番はないのでパッと見で比較しやすそうな通貨ペアから見ていきます。

　ポンド／円チャート（図3-10）は直近で2回抑えられた高値を更新した矢印のローソク足で再び上昇の勢いが加速したと考えられるので、ポンドが強い通貨、円は弱い通貨と判断できます。

図3-10　ポンド／円チャート

　ポンド／オーストラリアドル（図3-11）は、全体的には上昇トレンドの流れでしたが、直近2回ヒゲ先で支えられた安値を下回った矢印のローソク足で下落トレンドに転換したと考え、ポンドが弱い通貨、オーストラリアドルが強い通貨と判断しました。これにより、最も強い通貨はオーストラリアドルだとわかりました。

　ちなみに、このような通常安値ともいえないような安値に敏感になることが通貨強弱トレードのコツです。このあたりについては後ほど詳し

く解説します。

　続いて弱い通貨同士を比較していきます。

図3-11　ポンド／オーストラリアドルチャート

　ユーロ／ドル（図3-12）は明らかに上昇トレンドです。いちおう、直近高値を上回った矢印のローソク足で上昇トレンドが再加速したと考え、ユーロが強く、ドルが弱い通貨と判断しました。

図3-12　ユーロ／ドルチャート

こちらのニュージーランドドル／ドル（図3-13）も、直近大きく上げており上昇の勢いが強いことがわかります。どこで強弱感が切り替わったかというと、直近何度も抑えられていた高値を上回った矢印のローソク足で上昇トレンドに転換したと判断しました。その前の安値もラインには届いていませんが、サポレジラインとして意識されていそうな点もここを直近高値と見たポイントでした。

図3-13　ニュージーランドドル／ドルチャート

　これにより、ニュージーランドドルが強い通貨、ドルが弱い通貨と判断しました。
　以上のことから、最も弱い通貨はドルとわかったので、先ほど最も強い通貨と判断したオーストラリアドルとの組み合わせであるオーストラリアドル／ドル（図3-14）という通貨ペアを見ていきます。

　縦のラインが今まで強弱判断を行なってきたポイントで、その後は直後に少し押し目をつけたあと、順調に上昇していっていますね。これは多少強弱感に変化があっても、オーストラリアドルが強くて、ドルが弱いという関係性が維持されていたために発生した上昇トレンドだったということができます。

図3-14　オーストラリアドル／ドルチャート

　これが通貨強弱を見ながらトレンドが発生しやすい通貨ペアを選んで
いく手順になります。最初は時間がかかるかもしれませんが、慣れてく
れば5分も掛からずに選び出せるようになります。ぜひ意識しながら取
り組んでみてください。

Point

● 通貨強弱の判断には、関係性の高い通貨ペアを比較する

● 実際のチャート分析を通じて、強い通貨と弱い通貨を特定し、ト
　レンドが発生しやすい通貨ペアを選び出す

21 / 強弱判断をする際の
ポイント

通貨の強弱を判断する際の重要なポイントについて解説します。トレードにおける初動の捉え方や時間足の選択、高値や安値の見極めなど、実践的なアプローチを紹介します。

▶ 最初にぶつかる壁

　強弱判断の手順は、先述したように各通貨ペアを比較していくだけなので、理屈自体はさほど難しくなかったと思います。しかし、「さっそくやってみよう」と思っても、おそらくほとんどの方がぶつかる壁があります。

　それは、「最強最弱の通貨ペアを選び出してみたけど、すでに伸び切っていて肝心のトレードができない」、もしくは「逆行して負けてしまう」という問題です。私もこの問題に1年以上ぶつかっていた過去があります。

　ここからは、トレードを念頭に置いて強弱判断をしていくポイントを2つ紹介していきます。

▶ 実際にトレードする足の上位足を見る

　1つ目が、トレードする時間足の1つまたは2つ上の時間足で強弱判断を行なう、ということです。逆の言い方をすると、強弱判断した時間足から1つ2つ時間足を落として実際のトレードを行なう、ということになります。

例えば、4時間足で強弱判断をするなら1時間足や15分足でトレード
をする、その際には4時間足の強弱関係で発生する大きな波の一部を狙
いにいく、というイメージです。

図3-15　通貨強弱トレードのイメージ

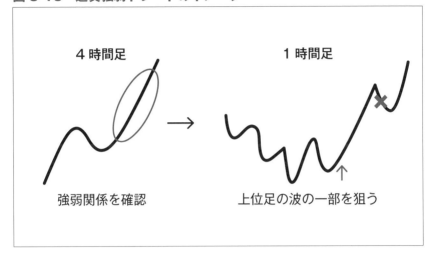

　たしかに、通貨強弱による環境認識をすることでこれから伸びやすい
通貨でトレードすることができます。ですが、通貨強弱といえども「現
在」の相場状況を把握するという環境認識の大原則は変わりません。
　要するに、未来の値動きはわからないけれど、現在勢いがある通貨
ペアがわかっているのであれば、その勢いに乗って利益を狙っていく。
そのためには時間足を落とすほうが、上位足で発生している勢いに乗
りやすいですし、エントリーポイント的にもトレードしやすいと考え
ています。

　この考え方自体は、上位足が上昇トレンドだから下位足でその波の一
部を狙ってタイミングを計ってトレードするというMTF分析と基本的
に同じです。このようなトレードの王道的な考え方と親和性がある部分
は重ねて考えるようにすることもトレード学習のポイントです。

▶ 初動をつかむ

　強弱判断をする際の2つ目のポイントは、うまく初動をつかむということです。

　例えば、ドル／円という通貨ペアで現在が上昇トレンドだった場合、ドルが強くて円が弱い通貨と判断します。

　問題は、「何をもって上昇トレンドだと判断するか」ですよね。ここは正直どういうトレードをするかによってさまざまな見方があって然るべき部分です。一般的なダウ理論や後ほど紹介するエリオット波動などでトレンド判断をして強弱を確認していっても別に問題はありません。

　ですが本書では、**通貨強弱の一番の強みであると私が考える「負けにくくなる」という効果を最大限発揮させつつ、なるべく利益も伸ばすという視点**で解説していきます。それが初動をつかむことであり、高値や安値の更新に注目することです。

　図3-16は先ほど見たポンド／オーストラリアドルのチャート（図3-11）です。私は矢印のローソク足で下落トレンドに転換したと判断しました。これはヒゲ先ですが、2度安値を支えられた上に、その直前でもその安値のライン上で揉み合っていたからです。

　このように、高値安値の見極めはサポレジラインとして機能していたり、何度か反応したりしているポイントを探していきます。その際には、チャートに水平線をあてて上下に移動させていくと比較的見つけやすいと思います。

　また、強弱判断する時間足が上位足と同じ方向であれば細かく高値安値を見ていく、逆方向であれば少し大きく高値安値を見ていくのもポイントです。

　例えば図3-17のチャートの上位足は上昇トレンドだと思ってください。そうすると上位足と同方向、つまり上昇の勢いが強まったと判断す

図3-16　ポンド／オーストラリアドルチャート

図3-17　（図3-16の上位足）

る高値はだいぶ細かく見ていきます。

　一方で、上位足と逆方向、つまり下落の勢いが強まったと判断する安値はわりと明確なポイントを見ていきます。ここで示したような箇所を高値と見る人は少ないかもしれませんが、安値と見る人はそれなりにいるのではないでしょうか。それくらいメリハリをつけていくこともポイントです。

▶ 通貨強弱トレードの強みとは

　市場でこのように、通貨強弱トレードでは今この瞬間の強弱感を知りたいので、意識されている高値や安値を更新した時点でトレンド転換したと考えて問題ありません。

　仮にこの高値や安値の更新がいわゆるダマシであったとすれば、負けてしまう可能性もありますが、トレードに負けはつきものです。初動から狙うという戦略を取っている以上、ある程度のダマシは仕方ありません。

　とはいいつつも、実際にはそれほど負けません。なぜなら、高値や安値を更新してダマシだとわかる前にエントリーしていれば、初動は思惑方向に動いてくれる可能性が高く、その後ダマシということで反転してもうまく建値以上で逃げられれば負けは避けられるからです。

　つまるところ、まさにこの**初動で含み益を作って最悪でも建値以上で逃げられるトレードをできるだけ増やす**というのが、この通貨強弱トレードの強みです。

　また、為替は2つの通貨の組み合わせという話をしましたが、片方の通貨でダマシが発生し強弱の判断を誤っていたとしても、もう片方の判断が正しければトレンド自体は伸びていくこともよくあります。このあたりの理屈はまたあらためて解説しますが、要は強弱判断の精度が全体的に上がってくればちょっとくらいのダマシはさほど問題にならないというわけです。

▶ 強いトレーダーの条件

　さらに、上位足で強弱判断をして下位足でタイミングを計ってエントリーという戦略を取る以上、上位足の強弱判断を誤っていたら、そもそも下位足でエントリーの形にならないことも多々あります。

　「ここはどういう形でエントリーするのか」という手法の話にもなりま

すが、ある程度エントリー条件を厳しくして安易なエントリーをしないようにしていれば、必然的に負けトレードを避けられる回数も増えてくると考えています（＝ノートレードの数が増えるはず）。

　通貨強弱トレードのためには、ちょっとした高値や安値の更新にも敏感になる……この初動を意識することは一見するとダマシのリスクもありそうですが、以上のような理由からそのリスクは十分にケアできていると私は考えています。

　ただ、どこを高値安値と見ていくかは多分に裁量判断を含みます。ですから、最終的には検証などを繰り返す中で自分なりの高値安値の基準を作っていきます。逆にいえば、自分の中にこの見極めの物差しが出来上がっている人が「強いトレーダー」なんだと個人的には考えています。

Point

● 通貨強弱を判断する際の重要なポイントは、トレードする時間足の上位足を見て環境認識を行なうこと

● 初動を捉え、高値や安値の更新を意識してエントリーすることで、通貨強弱トレードの強みを活かすことができる

22 / おすすめのトレード方法

通貨強弱の環境認識を基に、サポートレジスタンスラインの反発を利用したトレード方法を紹介します。トレンドフォロー戦略を徹底することで、トレードの優位性を高めます。

▶ サポレジラインの反発を確認してエントリー

　強弱判断を行なって通貨ペアを選択したら実際にトレードしていくわけですが、基本的にどんなエントリー、決済手法でも構いません。

　多少の調整は必要かもしれませんが、為替の本質に着目した環境認識なので、適切に通貨ペアを選べていればその時点でトレードの優位性はかなり高いはずです。

　ただ、私自身のトレードやおすすめする方法は、シンプルに押し目買いや戻し売りをすることです。トレンドフォロー戦略を徹底するためにも、どのFXの本にも書いてある王道手法をトコトン極めるのが一番だと思います。

　1つ手を加えるとすれば、サポレジラインでの反発を確認してエントリーを仕掛ける方法です。

　ローソク足が実体ベースでしっかり反発している、もしくは陽線または陰線が2、3本連続していることを確認してエントリーを仕掛けてください。

　正直、通貨強弱で環境認識を行なって通貨ペアを選定した場合、勢いがありすぎてサポレジラインを形成せずに思惑方向に行ってしまうこと

もあります。また、サポレジラインを形成してもその反発を待っていては一気に伸びていってしまうシーンも出てきます。それでもこの方法をおすすめする理由は、これがトレンドフォローにおける押し目買い、戻し売りの基本だからに尽きます。

図3-18　トレンドフォロー戦略

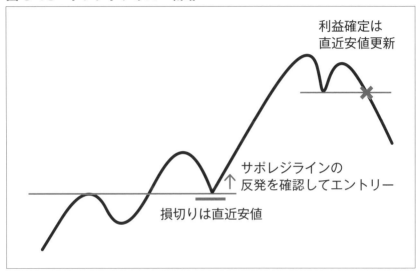

利益確定は
直近安値更新

サポレジラインの
反発を確認してエントリー

損切りは直近安値

▶一貫したトレンドフォロー戦略を

まずは、トレード回数が減ってもこの基本をマスターして確実に利益を上げられるようになっていく。そこをクリアしたあとに、いろいろな条件を調整して、トレード回数や勝率、利益率のバランスを取っていくのが、難易度の点でも今後のトレードの幅を拡げるという意味でもおすすめです。

そして、このようなエントリー条件でトレードをする場合、上昇トレンドで買いエントリーをするなら損切りは直近安値に置き、利益確定は安値の更新で行なうのがトレンドフォロー戦略という観点では論理一貫してい

ると思います（下落トレンドで売りエントリーをする場合はこの逆です）。

　つまり、トレンドが発生していると思うからポジションを持ち、トレンドが崩れたらポジションを持つ理由が失われるので決済をするということです。

　まずはここで紹介した方法を磨いて、基本を完璧にマスターしてみてください。

Point

- 押し目買いや戻し売りをすることでトレンドフォロー戦略を強化し、トレードの基本をマスターしていく
- 上昇トレンドでは損切りを直近安値に置き、利益確定は安値の更新で行なうなど、トレンドの方向性に忠実なトレードを心がける

23 / 通貨強弱トレードの本質 （応用編）

通貨強弱トレードの本質の応用編です。最も強い通貨と、最も弱い通貨を必ずしも選び出す必要はなく、2番目や3番目の通貨を選んでトレードすることも可能です。

▶2番目に強い通貨と2番目に弱い通貨

　ここまで通貨強弱における環境認識として、各通貨ペアを比較して最も強い通貨と最も弱い通貨を探し出すという方法を解説してきました。これが通貨強弱トレードの基本であり、絶対にマスターしていただきたい内容です。しかし、実は最強最弱の通貨ペアを探し出すことは必須ではありません。

　どういうことかと疑問に思うかもしれませんが、これは為替におけるトレンドが発生する仕組みをあらためて考えてみると納得できると思います。

　為替とは2国間の通貨の組み合わせであり、この2つの通貨間に強弱のギャップがある場合にトレンドが発生します。つまり、強弱感にギャップさえあればよく、別に最強最弱の組み合わせである必要はないということです。

　例えば、あえて1番強い通貨と2番目に弱い通貨の組み合わせや、2番目に強い通貨と2番目に弱い通貨の組み合わせでトレードすることも可能です。

なぜこのような話をするのかというと、通貨強弱で環境認識を行なって常に最強最弱の通貨ペアでトレードしようとすると、勢いがありすぎてトレードしにくいという場面がしばしば発生します。

　そのような場合に、あえて強弱が2番目や3番目の通貨をピックアップすることで、その勢いを調節して実際のトレードにつなげていこう、ということなのです。

▶ まずは最強最弱の通貨ペアを確実に選び出せるように

　しかし、この2番目、3番目の通貨をピックアップするというのも、各通貨ペアを比較して最強最弱の通貨を当たり前に選び出せるようになってこそ、なわけです。その基礎が出来上がっていないのに、トレードチャンスを増やそうとして通貨ペアの組み合わせを変えても負けトレードが量産されていくだけです。

　ですから、通貨強弱トレードの本質は、強弱感のギャップをうまくつかむことであり、そのためには常に最強最弱の通貨ペアでトレードする必要は別にない……。このことは頭に入れつつも、まずは基本である最強最弱の通貨ペアを確実に選び出せるようにし、そのうえで実際のトレードでしっかり利益を上げられるようになることを目標にしてください。

　そして次のステップとして、通貨ペアの組み合わせを調整していくという流れがおすすめです。

Point

- 最強最弱の通貨ペアの選定は基本であり、トレードの本質を理解するために重要
- 通貨ペアの組み合わせを調整するのは、基本が身についたあとのステップとして

24 / デイトレードへの応用

通貨強弱トレードをマスターしたあとは、デイトレードへの応用方法を
紹介します。4時間足で強弱を判断し、1時間足でトレンドを確認して
から15分足や5分足でエントリーする手法です。

▶ 上位足→下位足の順に見ていく

　本書では、まずは4時間足で強弱判断を行ない、その4時間足で発生
した波の勢いを1時間足で狙いにいくというスイングによるトレード方
法をおすすめしています。それが通貨強弱トレードをマスターするとい
う観点や難易度的にも取り組みやすいと考えているからです。

　ただ、なかにはデイトレードくらいのスパンでやりたいという方もい
るかもしれません。そこで、ここでは4時間足レベルでの強弱判断が確
実にできるようになったという前提で、デイトレードへの応用方法を1
つ紹介します。

　といっても方法は至ってシンプルです。4時間足で強弱判断を行ない、
1時間足でしっかりトレンドが発生していることを確認、そこを15分
足や5分足で狙うというものです。

　ポイントは、4時間足レベルの強弱の勢いをサッと抜くイメージです。
そのため、勢いがありすぎてトレードしにくい相場や伸び切っているよ
うに見える相場でも利益を狙っていくことが可能になってきます。

図3-19　デイトレ4時間足

いつも通り4時間足で強弱判断
ある程度伸び切っていてもOK

図3-20　デイトレ1時間足

1時間足でトレンドが発生していることを確認
この際、1時間足レベルの強弱感も明確ならさらによい

　なおこの際、万全を期するなら4時間足の強弱判断に加えて1時間足レベルでも同じような強弱関係になっていることを確認するのがいいですが、あくまで4時間足レベルの波を取るという戦略なので必須ではありません。

　そして、5分足や15分足ではちょっとした押し目や戻しでエントリーしても勢いがあるので伸びていきやすいです（ここでも万全を期するならサポレジラインでの反発などを確認してください）。

　あとはこれまで説明してきたトレンドフォロートレードと同じで、ト

図3-21　デイトレ5分足

5分足や15分足の押し目や戻しで
シンプルにエントリー

レンドが崩れたタイミングで決済をするだけです。

　他には一般的なデイトレードの注意点として、市場が切り替わるタイミング（東京タイム、ロンドンタイム、NYタイムなど）や経済指標発表などに注意してください。

　個人的にはここを乗りこなす難易度が高いと思って、スイングトレードをおすすめしているところもあります。ですが、この時間足を落として自由に相場を狙いにいくという考え方自体はマルチタイムフレーム分析の理解度を上げる側面もあるので、オプションの1つとして持っておくのは非常に有効です。

Point

- デイトレードの応用方法はシンプルで、4時間足から1時間足、15分足や5分足へとトレードのスパンを短縮する
- トレンドの崩れるタイミングで決済し、市場切り替わりや経済指標発表などのタイミングにも注意が必要

25 / 来週トレードできる 注目通貨ペアの見つけ方

通貨強弱トレードの週末分析は忙しい人に最適です。日足での強弱判断で、月曜日以降のトレード対象をピックアップし、4時間足で監視する、トレンドの変動頻度を考慮した戦略を紹介します。

▶忙しい人のための週末の分析方法

　強弱判断が遅れて伸び切った相場でも、時間足を落として対応できる場合はあります。ですが、やはり基本は4時間足での定点観測です。これを確実にしていくことで、トレンドの初動を見逃さずに通貨強弱トレードのメリットを最大限享受することができます。

　ただ、仕事や家事に追われてチャートチェックができないときもあると思います。そこでの1つの解決策が、比較的時間のある週末に翌週トレードできそうな通貨ペアをピックアップすることです。やり方は「日足」で強弱判断をするだけです。

　その際は、最強最弱を選び出すというよりも、勢いのある強い通貨と弱い通貨をいくつかピックアップして、それらの組み合わせを月曜日以降に複数監視していきます。

　例えば、日足レベルで強い通貨としてドルとユーロ、弱い通貨として円とポンドがピックアップできたのなら、ドル／円、ポンド／ドル、ユーロ／円、ユーロ／ポンドの4時間足や1時間足チャートを確認する。

　チャートの形状や実際のトレンドの勢いなどを確認して、トレードで

きそうな通貨ペアをさらに絞り込んで、それらを月曜日以降に監視して実際のトレードに備えていきます。

　もちろん、4時間足での強弱チェックはなるべく行なっていきますが、これによりチャートチェックの負担は多少軽減されるはずです。これは通貨強弱という観点でトレンドが変わる頻度に着目した方法になります。

　どういうことかというと、通常4時間足レベルの強弱関係は1週間に一度変わるかどうか、日足レベルなら2週間〜4週間に一度変わるかどうかです。

　もちろん、相場によってはこれより高頻度で変わることはありますが、それでも日足レベルの強弱が1週間でコロコロ変わることは稀です。

　ですから、その日足の強弱関係は1週間くらいであれば4時間足レベルでもある程度維持される可能性は高いため、日足であらかじめトレードできそうな通貨ペアをピックアップしておく、ということです。

　ただ、実際にトレードする時間足とそのときの強弱関係を考えた場合、多少の誤差は生じるので、ざっくりと強い通貨と弱い通貨をピックアップしておくという理屈です。

　この週末時点での強弱判断の精度はさすがに4時間足での定点観測には劣りますが、忙しい方の次善の策としてはおすすめです。

Point

- 週末の日足分析で、月曜日以降のトレードチャンスを準備する
- 4時間足で絞り込んでからトレード対象を選び、トレンドの変動頻度を考慮した戦略を展開していく

26 / 強弱判断の練習方法

通貨強弱トレードのスキルを磨くためには、過去検証とデモトレードが
有効です。定めた日時に強弱判断を行ない、実際のトレードに近い状況
でトレーニングを積むことが重要です。

▶ トレーニングは過去検証とデモトレードで

　ここまで、通貨強弱トレードの理屈やポイントを解説してきました。
ですが、それでも高いハードルとなってくるのが、「どこを高値や安値
と見て強弱判断を行なっていくか」であったり、そのうえで「実際のト
レードをどう行なっていくか」であったりという部分だと思います。

　このような裁量スキルを磨いていくためには知識も大切ですが、最終
的には**どれだけ訓練を積み重ねたかによるところが大きいです。**そこで、
通貨強弱トレードでは過去検証とデモトレードを並行してトレーニング
をしていくのがおすすめです。

　過去検証では自分が確実にチャートを見られる時間など任意の日時
（具体的な日時でも毎日1回18時などでも可）を決め、そこで強弱判断
を行ない、実際にトレードするならどこで仕掛けるかなどを考えていき
ます。

　デモトレードでは、実際のトレードと完全に同じで、右側が見えない
リアルタイムのチャートで強弱判断を行ない、デモトレードも実際に行
なっていきます。

▶ 強弱判断のスキルを磨くために

　このように、過去検証とデモトレードを併用するのは、通貨強弱トレードは通常の検証という方法がとてもやりづらく、母数を集めるのが大変だからです。

　検証については第7章でまた詳しく解説しますが、検証はルールを決めてとにかく母数を集めることがポイントになってきます。ですが、通貨強弱トレードではそれが難しいので、過去チャートでの検証とデモトレードを並行してとにかく経験値を積んでいく。つまりここでの練習は、検証というより強弱判断のスキルを磨くことに意識を集中していきます。

　もちろん、できる方はしっかりと母数を集める検証もやってほしいと思います。ですが、もしそこで挫折するくらいなら堅苦しい検証という形は取らずに、過去チャートでもリアルタイムのチャートでもとにかく経験値を積んでいく。このような姿勢が強弱判断のスキルを磨いていく際にはおすすめです。

Point

- 過去検証とデモトレードの併用は通貨強弱トレードのスキル向上に効果的
- 強弱判断を定めた日時に行ない、デモトレードで実際のトレードに近い状況を再現してトレーニングする

27 リアルトレード解説 （通貨強弱のみ）

通貨強弱トレードの実践的な解説です。過去のトレードを紹介しながら、強弱判断のポイントを詳細に説明します。ドル／円、ユーロ／ポンド、ニュージーランドドル／オーストラリアドルなどの通貨ペアを分析し、エントリーから決済までの流れを解説します。

▶実際のトレードでの判断のポイント

　この章の最後に、私が実際に行なった通貨強弱トレードを紹介します。私がチャートを見たときの着眼点や思考の流れを1つ1つ解説していくので、まずは実際のトレードの雰囲気をつかんでいただければと思います。

　今回トレードした通貨ペアはニュージーランドドル／円です。

- エントリー日時：2023年11月1日8時00分（MT4時間）
- 決済日時：2023年11月7日00時57分（MT4時間）
- 価格：87.846 → 89.344（＋149.8pips、損切り幅：32.8pips）

　まずは、ドル／円、ユーロ／ポンド、ニュージーランドドル／オーストラリアドルで強弱判断をしていきました。

　ドル／円（図3-22）は、複数箇所で意識されている直近高値を上抜けしてきたので上昇トレンドと判断します。

図3-22　ドル／円

上昇トレンド
＝強：ドル／弱：円

ユーロ／ポンド（図3-23）は、大きな流れ（日足）が上昇トレンド
だったことに加え、サポレジラインに転換していた直近高値を上抜けて
きたので上昇トレンドと判断します。

図3-23　ユーロ／ポンド

上昇トレンド
＝強：ユーロ／弱：ポンド

オーストラリアドル／ニュージーランドドル（図3-24）は、大きな
流れ（日足）は上昇トレンドでしたが、この時点で何回か抑えられてい
る日足の高値圏であったことに加え、サポレジラインとして反応してい
た直近安値を下回ってきたので下落トレンドに転換したと判断。

図 3-24　オーストラリアドル／ニュージーランドドル

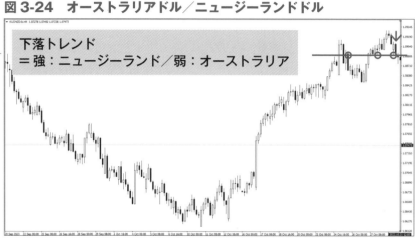

　以上より、強い通貨はドル、ユーロ、ニュージーランドドル、弱い通
貨は円、ポンド、オーストラリアドル。次に強い通貨同士を比較してい
きました。

　ユーロ／ドル（図3-25）は、複数の箇所で反応している直近高値を
上抜けしている時点で上昇トレンドと判断。

　ユーロ／ニュージーランドドル（図3-26）は、複数の箇所で意識さ
れていた直近高値を丁度上回ってきたので上昇トレンドと判断します。
　ただ、後ほど解説するように、直近相場としてはレンジを形成してお
り、実際のトレードでも買い側の通貨としてユーロはトレードしにく
かったので、2番目に強い通貨としてニュージーランドドルをピック
アップしていました。

図 3-25　ユーロ／ドル

上昇トレンド
＝強：ユーロ／弱：ドル

図 3-26　ユーロ／ニュージーランドドル

上昇トレンド
＝強：ユーロ／弱：ニュージーランド

　続いて弱い通貨同士を比較していきました。

　ポンド／円は、より近い高値で上昇トレンドと見ることもできました
が、複数の箇所で抑えられていた直近高値を上抜けてきた時点で確実に
上昇トレンドと判断。

図 3-27　ポンド／円

上昇トレンド
＝強：ポンド／弱：円

　オーストラリアドル／円は、直近で2回ヒゲをつけた高値を長い陽線
で上回ってきた時点で上昇トレンドと判断。

　以上により最も強い通貨がユーロ、最も弱い通貨が円ということで
ユーロ／円の買いを検討しました。

図 3-28　オーストラリアドル／円

上昇トレンド
＝強：オーストラリア／弱：円

図3-29　ユーロ／円の１時間足

1時間足でエントリーのタイミングを探っていると長い下ヒゲをつけて陽線が1本確定しましたが、これをもって押し目からの反発という判断はできませんでした。

その後さらに深く下落し、結果的に思惑方向に上昇していきましたが、ユーロ／円でトレードすることはできませんでした。

そして、最強最弱の通貨ペアを選んだ直後にこのような動きをするということは、強弱判断が甘かった可能性が大きいです。ただ、円が圧倒的に弱い通貨であるということは明確だったので、問題は買い側の通貨と考えました。特にユーロ／ニュージーランドドルの強弱判断に不安があったので、2番目に強い通貨と判断していたニュージーランドドルを買い側に持ってきてさらに監視を続けました。

ニュージーランドドル／円も、押し目をつける際の下落の勢いが少し強いなと感じましたが、前回高値に支えられて比較的短期間で押し目をつけたこと、その後に陽線が3本連続してサポレジラインでの反発を確認できたことから、3本目のローソク足確定でエントリーをしました。その際の損切りは直近安値に置きました（図3-30）。

図3-30 ニュージーランドドル／円 1 時間足①

サポレジラインの反発を
確認してエントリー

損切りは直近安値

　その後チャートは順調に伸びていき、直近安値を下回った段階で上昇
トレンドが崩れたと判断し利益確定。結果は149.8pipsの利益、損切り
幅が32.8pipsだったので、リスクリワードはおよそ1：5というトレー
ドになりました（図3-31）。

図3-31 ニュージーランドドル／円 1 時間足②

直近安値の更新に注目
→下回った時点で利益確定

　このように、通貨強弱で環境認識を行なうとトレード自体はシンプル

ですが、確実に利益を伸ばしやすくなると思います。ぜひ参考にしてみてください。

> **Point**
> - 実際のトレードを通じて、通貨強弱トレードの実践的なポイントをつかんでいく
> - 強弱判断を行ないエントリーし、リスク管理を施して利益を確保する方法のイメージをつかむ

最強の
環境認識方法②
「エリオット波動」の
見極め方と
トレード方法

28 / エリオット波動とは

エリオット波動は、市場の価格動向を波のパターンで分析し、将来の価格変動を予測するテクニカル分析の手法です。感情の変化によって引き起こされる波の動きを把握することで、トレーダーは市場の動向を理解し、トレードの判断材料とすることができます。

▶すべての相場をエリオット波動的に分析できる

　ここからは私のもう1つの環境認識の方法であるエリオット波動について解説していきます。まずエリオット波動とは、簡単にいうと経験則に基づいたテクニカル理論です。

図4-1　エリオット波動

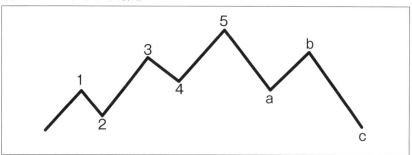

　図4-1のような推進5波動・調整3波動といった波で構成されると聞いたことがある人もいるかと思います。これはエリオット波動のいわば基本形を表したもので、エリオット波動とはわかりやすく言うとチャー

トパターンの集まりです。

　推進波と調整波という波動が、さまざまなパターンで組み合わさってチャートパターンを作り、このパターンを覚えていくことで具体的な形が見えてくるというのがエリオット波動です（なおこの先便宜上、上昇局面を推進波、下落局面を調整波という前提で解説していますが、方向を逆にしても成立する話なので、その際は下落の推進波、上昇の調整波と読み替えてください）。

　このエリオット波動においては、すべての相場をエリオット波動的に分析できるという前提に立っています。実際にすべての相場を読み解くかどうかは別として、1つの理論に基づいて体系立った相場分析を行ないたいというトレーダーには学習し甲斐のあるテクニカル理論になります。

　エリオット波動の最大の特徴は、**どこまで伸びるか、おおよそのゴールを予測することできる**という点です。もちろん、すべてのパターンを予測することは難しいのですが、おおよそのゴールがわかることで伸びやすく勝ちやすい場所でエントリーでき、多くのトレーダーの悩みの種である利益確定についても1つの答えを示してくれます。

　最終的にエリオット波動を自分のトレードに取り入れるかは置いておくとしても、学習してみることでさまざまなトレードのヒントが得られるはずです。まずは肩肘張らずに軽い気持ちで一度エリオット波動を学んでみてください。

Point

● エリオット波動は、すべての相場を分析できるテクニカル分析の手法
● 波の組み合わせから市場の動向を理解し、未来の価格変動を予測する。肩肘張らずに理解し、トレードの判断材料として活用したい

29 エリオット波動の初心者でも狙っていけるポイント

エリオット波動の学習は初心者にとって複雑で挫折しやすいといわれますが、理論を完全に理解する必要はありません。焦点を絞り、第5波を狙い撃つことで効果的な取引を行なうことが可能です。

▶ 相場を完全に理解する必要はない

　エリオット波動はすべての相場を読み解くことができる体系化されたテクニカル理論です。そのため、他のテクニカル理論と比べても覚えることが膨大で、本来はエリオット波動だけで本が1冊書けてしまうくらいです。多くの人はこの情報量の多さに加えて、実際のチャートでその理論を適用することに難しさを感じ、挫折してしまいがちです。

　私もFXを始めて1年目にエリオット波動を知って学習を試みたものの、すぐに挫折してしまいました。そんな私がエリオット波動を使ってトレードできるようになったのは考え方、取り組み方を変えたからです。
　その考え方とは、**トレーダーは相場を読み解くことが目的ではなくトレードをして利益を上げることが目的であって、必ずしもトレードで利益を上げるために相場を読み解かなければいけないわけではない**、というものです。
　このように考えるようになってからは、まずエリオット波動的に狙いたい波を絞り、その波を取るための知識と技術の習得にエネルギーを注ぐようになりました。そしてその狙った波というのが推進波の第5波です。

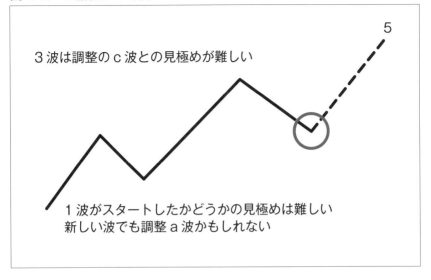

図4-2　5波狙いの理由

3波は調整のｃ波との見極めが難しい

5

1波がスタートしたかどうかの見極めは難しい
新しい波でも調整ａ波かもしれない

　理由はシンプルで、一番狙うのが簡単そうだと思ったからです。

　例えば、エリオット波動では推進波の第3波が一番伸びやすいと言われているため、そこを狙うトレーダーも多いです。しかし、私にはどうしても調整波のｃ波との見極めが難しく感じました。同じく推進波の1波から狙う人もいますが、これこそ本当に1波がスタートしたかどうかの見極めが非常に難しい部分ですし、仮に新しい波が発生したとしても調整波のａ波という可能性もあります。また、調整波は複雑な動きをすることが多く分析するのも一苦労なのですが、その割には値が伸びにくいといった問題があります。

　一方で、4波まで出来上がったチャートであれば、推進波か調整波かの見極めは、そこまで難しくありません。もし難しい相場であれば見送ればいいだけですし、確実にこの波は推進波だと判断できさえすれば、あとは最後の波である第5波を狙い撃ちするだけでいいのです。ただ、第5波は最後の波ということもあってイマイチ伸びないことやイレギュラーな動きをすることも少なくありません。しかしこのような動きをす

るときは決まって相場に勢いがないときです。

▶ 第5波を狙い撃ち

そこで、前章で解説した通貨の強弱も組み合わせることで、この第5
波のデメリットを克服することができました。つまり、4波まで出来上
がっている推進波を見つけ、トレードをする際は通貨強弱を加味して
確実に伸びる5波だけを狙う……このようなトレード戦略であれば、
エリオット波動の難易度も一気に下がり覚えなければいけない知識も
ギュッと圧縮できます。

これはエリオット波動に限った話ではないのですが、トレードでは
狙いを絞って1つの武器を磨き上げることが、稼げるトレーダーにな
るための近道だと私は感じます。

この5波狙いという武器が出来上がる頃には、自然と他の波の狙い方
も自然とわかってくると思います。その段階になれば、さらに5波狙い
を極めてもいいですし、よりエリオット波動を深めて他の波も取りにい
くというスタイルもいいでしょう。

おそらくエリオット波動が本当の意味で面白くなるのはここからなの
だと思います。まずはそのスタートラインに立つために、ここからは5
波狙いに必要な知識を解説していきます。

Point

- エリオット波動の学習は難しいが、焦点を絞り、第5波を狙う
  ことでトレードをシンプルにできる
- 第5波の戦略を使えば、エリオット波動の難易度が下がり、他
  の波の理解も進む

CHAPTER 1
CHAPTER 2
CHAPTER 3
CHAPTER 4
CHAPTER 5
CHAPTER 6
CHAPTER 7

CHAPTER 4
30 / エリオット波動の基本知識

エリオット波動の基本知識を理解するには、①推進波、②調整波、③フラクタル構造を押さえることが重要です。これらの概念を理解することで、相場の動向を予測しやすくなります。

▶押さえるべき3つの知識

　エリオット波動を学ぶうえで押さえるべき知識は大きく3つです。それが、①推進波、②調整波、③フラクタル構造です。まずはこの3つを押さえることでエリオット波動の全体像をざっくりとつかんでみましょう。

　なお、ここからは「エリオット波動でトレードをして利益を上げる」という目的にフォーカスして解説していきます。そのため、エリオット波動的には多少不正確な表現であったとしても、わかりやすさやトレードしやすさを優先して解説していきますので、その点はご了承ください（正確な知識を学びたいという方は本書を足がかりにしてエリオット波動の専門書を読まれることをおすすめします）。

▶推進波と調整波

　エリオット波動にはトレンド方向に動く推進波という波と、その後に発生するトレンドと逆方向に動く調整波という波があります。

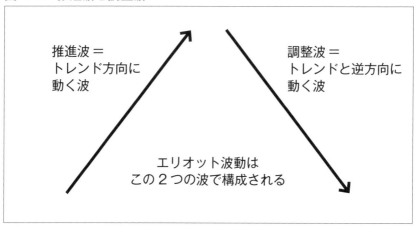

図 4-3　推進波と調整波

推進波＝
トレンド方向に
動く波

調整波＝
トレンドと逆方向に
動く波

エリオット波動は
この２つの波で構成される

　エリオット波動では、この推進波と調整波という2つの波がさまざまな形で繰り返されることによって構成されていくと考えていきます。推進波は1波、2波、3波、4波、5波と5つの波でできています。

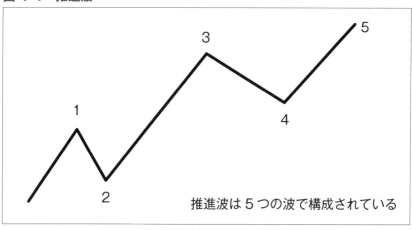

図 4-4　推進波

3

5

1

2

4

推進波は5つの波で構成されている

　一方の調整波はa波、b波、c波の3つの波で構成されるのが基本的なパターンです。

図 4-5　調整波

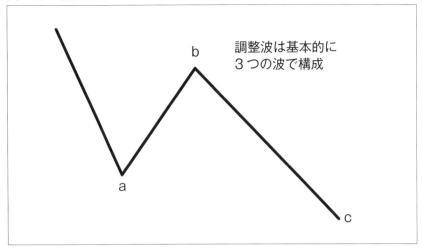

このように、推進5波動と調整3波動、この8つの波を1サイクルと考えるのがエリオット波動の特徴であり、ここまではご存知の方も多いかもしれません。

ただ、トレードをするという観点では、この推進5波動と調整3波動で1サイクルという話自体はそこまで重要ではありません。ここで覚えていただきたいことは、①推進波は1波、2波、3波、4波、5波の5波動で構成されている、②調整波は基本的にa波、b波、c波の3波動で構成されている、この2つだけです。

なお、調整波に関しては先ほどから「基本的に」と言っているように、a、b、c、d、e波と5波動で構成されるパターンもありますが、これについてはまた後で詳しく解説していきます。

▶ フラクタル構造

次にフラクタル構造です。これは1つの波を細かく分析すると、さらにエリオット波動的な波が見えてくるというものです。図4-6を見てください。

図4-6 フラクタル構造

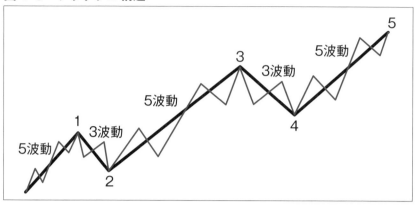

　例えば、推進波という1つの波も、細かく見ると1波〜5波が観察できます。さらに、その5波動も1つ1つ見ていくと、トレンド方向の波である1波、3波、5波は推進波ということで5波動が観察でき、2波と4波はトレンドと逆方向の波である調整波ということで3波動が観察できるという具合です。

　フラクタル構造はロシアの民芸品、マトリョーシカなどによく例えられますが、このフラクタル構造こそがエリオット波動トレードの最大の肝になってきます。こちらもまた後ほど詳しく解説していきます。まずは推進波と調整波という波があること、そしてそれらを構成するフラクタル構造というものがエリオット波動にはある、これくらいの全体像をつかんでおいてください。

Point

- 推進波は5波で構成されるトレンドを形成し、調整波はその反対方向に動く
- フラクタル構造は波の階層的なパターンを示し、小さなスケールでも大きなスケールでも同様のパターンが見られる

CHAPTER 1
CHAPTER 2
CHAPTER 3
CHAPTER 4
CHAPTER 5
CHAPTER 6
CHAPTER 7

CHAPTER 4
31　推進波の基本ルール

推進波の特徴を把握することで、エリオット波動を理解しやすくなります。3波が最も伸びやすく、2波や4波には特定のルールがあります。また、5波の動向も重要です。

▶ 推進波の特徴

　こから本格的にエリオット波動の基礎知識について解説していきます。

図 4-7　推進波全体の特徴

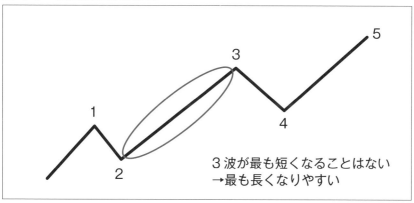

3波が最も短くなることはない
→最も長くなりやすい

　まず推進波全体の特徴として、3波が最も短くなることはありません。逆に、3波が最も伸びやすいという傾向があります。この性質により、例えば3波より「1波が長い」状態で5波を迎えた場合、5波は3波よりは短く終わる、つまり5波の伸びる目安がわかることになります。

図 4-8　推進波全体の特徴②

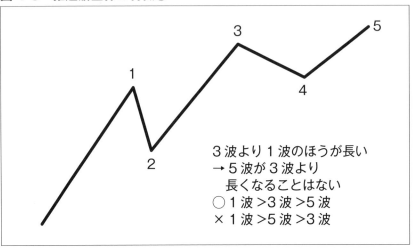

3波より1波のほうが長い
→5波が3波より
　　長くなることはない
○1波 >3波 >5波
×1波 >5波 >3波

次に、1波と2波の関係性についての特徴です。

2波は1波のはじまりを超えてくることはありません。これは基本的にヒゲ先も抜けることがないと考えてください。

図 4-9　1波と2波の関係

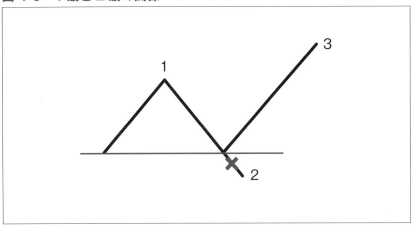

次に、1波と4波の関係性です。

CHAPTER 1
CHAPTER 2
CHAPTER 3
CHAPTER 4
CHAPTER 5
CHAPTER 6
CHAPTER 7

図4-10　1波と4波の関係性

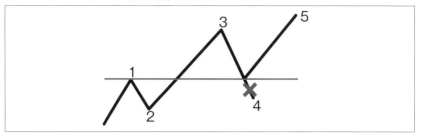

　4波は1波の終点（2波の始点）を超えてきません。5波を狙うにあたって1波と4波が図4-10のように交わってきたときは、そもそも狙うべき推進波ではなかったということになります。

　逆に、1波と4波がサポレジラインのようにきれいに反発するようだと、それは5波のスタートを判断する材料になります。

　以上が推進波であるための絶対のルールです。

▶ 5波を狙うために知っておきたい推進波の傾向

　ここからは5波を狙うために知っておくべき推進波の傾向についても2つ紹介していきます。

　1つ目が、2波と4波の関係性についてです。

　2波は深く戻すことが多く、4波は浅く戻すというパターンが多いです。この場合、2波と4波をさらに細かく観察すると、2波が簡単なチャートパターン、4波が複雑なチャートパターンになっていることが多く、この2波と4波が異なる動きをすることをオルタネーションと言います（この言葉自体は覚えなくて大丈夫です）。

　逆に、2波が複雑なチャートパターンで浅い戻しであれば、4波は簡単なチャートパターンで深い戻しになりやすいです。このあたりは調整波の説明でまた詳しく解説していきます。

図4-11　2波と4波の関係性

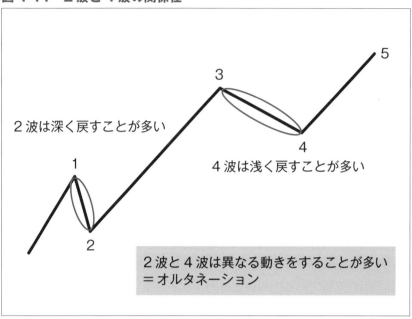

2波は深く戻すことが多い

4波は浅く戻すことが多い

2波と4波は異なる動きをすることが多い
＝オルタネーション

2つ目が5波の特徴についてです。

図4-12　5波の特徴

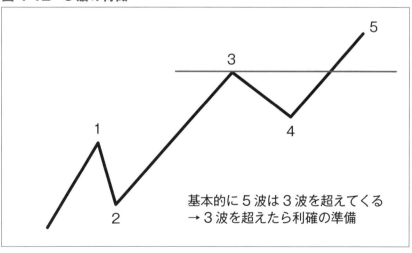

基本的に5波は3波を超えてくる
→3波を超えたら利確の準備

5波は基本的に3波を超えてきます。5波は推進波の最後の波ということもあり、3波を超えることはトレンド転換のサインとも言えます。ですから、5波でポジションを保有していた場合、3波を超えたあたりから利益確定の準備をしておくというのが1つのセオリーとなってきます。

　ただし、5波には3波を超えてこない「フェイラー」というパターンや少々複雑な動きをする「エンディングダイアゴナル」というパターンが発生することもあります。こちらもまた後ほど詳しく解説します。

Point

- ●推進波の絶対ルール
  - ① 3波が一番短くなることはない
    - → 3波が最も伸びやすい
  - ② 2波は1波の始点を超えない
  - ③ 4波は1波の終点（2波の始点）を超えない
- ● 5波狙いのための傾向
  - ④ 2波は深戻し、4波は浅戻しというパターンが多い
  - ⑤ 5波は基本的に3波を超えてくる

推進波の応用編

推進波の応用編では、エクステンションやランニングコレクションなどのイレギュラーパターンが重要です。これらのパターンを理解することで、トレンドの強さや転換点を把握し、トレードの精度を高めることができます。

▶ ①エクステンション

　続いて推進波のイレギュラーパターンを解説していきます。

　ここで解説する知識ですが、本書で紹介する5波狙いという観点では、必ずしも絶対に覚えておかなければならないものではありません。ですが、頭の片隅に置いておいて、「そういえばこんなパターンもあったな」と思えるだけで安心してトレードに臨めるようになると思います。イレギュラーパターンの1つ目は、エクステンションです。

　1波、3波、5波はいずれかで延長（エクステンション）する場合があり、エクステンションしている推進波では、同じ時間足で細分化された波形がはっきりとわかるのが特徴です。例えば4時間足で推進5波動が観察できる場合、通常1時間足などに落とすことで4時間足レベルの波を細かく見ることができます。

　しかし、このエクステンションが発生した場合には、4時間足で細かい波まで観察することができるというわけです。図4-13のように、3波でエクステンションが発生した場合には、同じ時間足で3波を細分化した5波動があらわれます。これは後ほど解説するフラクタル構造を理

解すると、その違いがさらに明確にわかると思います。

ただし正直なところ、このエクステンションは発生している最中に気づくのは難しく、出来上がったチャートを見て初めて気づくことが多いパターンだと感じます。ですが、ポジション保有中にエクステンションが発生した場合には、トレンドが継続する限りポジション保有を続ければいいだけですし、ポジションを持っていなければ「よくわからないチャート」という認識でトレードすることはないため問題ありません。

図4-13　エクステンション

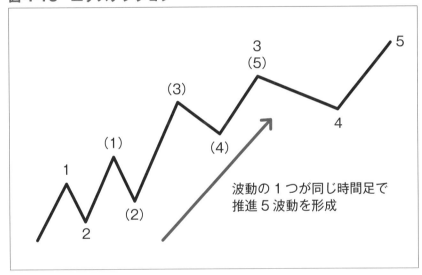

波動の1つが同じ時間足で
推進5波動を形成

▶②ランニングコレクション

2つ目のイレギュラーパターンは、ランニングコレクションです。

通常、上昇の推進波であれば2波は一旦戻して下落しますが、これは戻さずにそのまま3波に突入するパターンです。図4-14のように少し勢いが弱くなって、また勢いよく3波で上昇し出すというイメージですが、ほとんど見分けがつかないくらいそのまま一気に3波に突入して伸びていくパターンもあります。これは、相場に非常に勢いがある場合に

発生します。急騰・急落している相場でカウントが合わないときは、このランニングコレクションを疑ってみてください。

図 4-14　ランニングコレクション

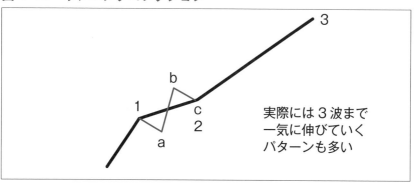

実際には3波まで
一気に伸びていく
パターンも多い

▶③フェイラー

3つ目のイレギュラーパターンが、第5波で発生するフェイラーです。

5波が3波を超えずにトレンド転換して調整波に移行していくパターンで、相場に勢いがない場合や1波が非常に長い場合に発生しやすくなってきます。

図 4-15　フェイラー

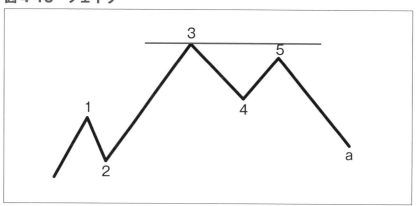

▶④エンディングダイアゴナル

　最後に4つ目のイレギュラーパターンはエンディングダイアゴナル
です。

　このエンディングダイアゴナルも第5波で発生することがありますが、
この第5波も細分化するとさらに推進の5波動を観察することができま
す。ですから推進波の基本ルールである1波と4波は重ならないという
ルールが適用されるのが原則ですが、例外的にこのエンディングダイア
ゴナルではそのルールが無視されます。

図4-16　エンディングダイアゴナル

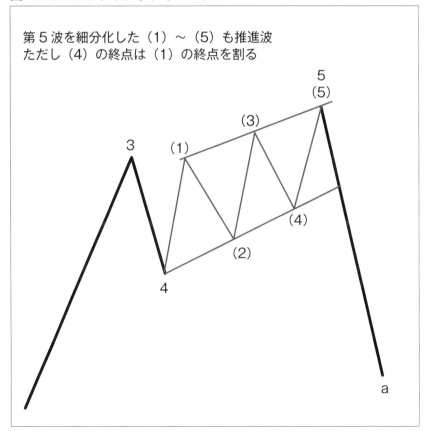

第5波を細分化した（1）～（5）も推進波
ただし（4）の終点は（1）の終点を割る

3つ目のイレギュラーパターンのフェイラーとこのエンディングダイアゴナルはともに勢いのない相場で発生しやすい傾向があります。しかし、本書で紹介する5波狙いのトレードにおいては、通貨強弱も確認して勢いのない相場は避けるのであまり気にする必要はないかもしれません。ですが、以上の知識は知っておいて損はないので、頭の片隅にでも置いておいてください。

Point

- エクステンションは通常の波よりも大幅に伸びる現象で、市場が強力なトレンドにあるときに発生しやすい
- ランニングコレクションは2波をスキップして直接3波に入る現象で、相場に大きな勢いがあるときに見られる
- フェイラーは第5波が第3波を超えずにトレンド転換する現象で、勢いが不足している場合に起こりやすい

CHAPTER 1
CHAPTER 2
CHAPTER 3
CHAPTER 4
CHAPTER 5
CHAPTER 6
CHAPTER 7

CHAPTER 4

33 / 調整波の基本ルール

調整波には、簡単なパターンと複雑なパターンがあります。これらのパターンを理解することで、後続の推進波を予測し、トレードの成功につなげることができます。

▶ 簡単なパターンと少し複雑なパターン

　ここから調整波の解説に入っていきますが、本書では調整波でのトレードはおすすめしていません。「調整波のあとに来る推進波を狙うために、少し調整波のことも知っておこう」、そんなスタンスで読み進めていってください。

　調整波は簡単なパターンと少しだけ複雑なパターンの2つがあります。簡単なパターンはa、b、c波の3波動で構成され、少し複雑なパターンはa、b、c、d、e波の5波動で構成されます。まずは大きく分けて2種類あるんだなという認識をもってもらえれば大丈夫です。

　それでは簡単なパターンである調整3波動の特徴について解説していきます。

図 4-17　調整 3 波動

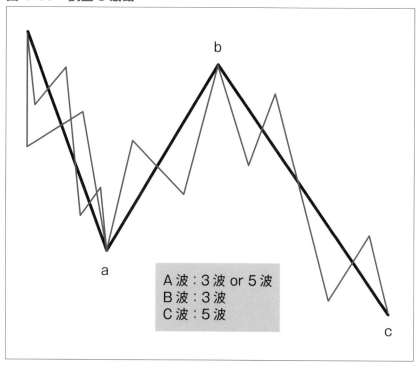

A波：3波 or 5波
B波：3波
C波：5波

　a波は3波か5波を形成、b波は3波を形成、c波だけは必ず5波動（しかも推進波）を形成します。よくエリオット波動でトレードしている人の中にはc波を狙うという人がいますが、これはc波が推進波だからという理由によります。つまり、結局は推進波を狙っており、やはり調整波は避けるという戦略を取っている人がほとんどです。

　また、このa波とb波に関しては、これから紹介するチャートパターンによって、3波なのか5波なのかが決まってきます。

　1つ目に紹介するパターンはジグザグコレクションです。a波は5波、b波は3波、c波は5波を形成し、b波は、a波に対する戻しとして61.8％を超えることはありません。また、a波とc波の長さは、その比率が1：1くらいになることが多いです。

図4-18　ジグザグコレクション

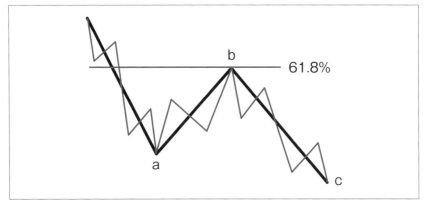

2つ目はフラットコレクションです。フラットコレクションは、a波が3波、b波も3波、c波が5波を形成し、b波はa波に対する戻しとして61.8％を超えてきます。また、a波よりもc波が長くなることが多く、c波が伸びやすい形と言えます。

図4-19　フラットコレクション

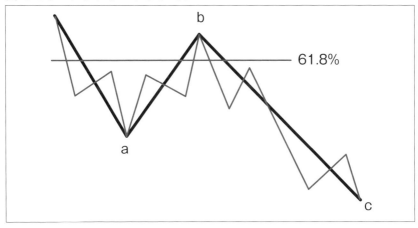

続いて3つ目は、イレギュラーフラットです。文字通りフラットコレクションのイレギュラーパターンであり、b波がフィボナッチの61.8％

を超えてさらにa波まで超えてくるパターンです。

図 4-20　イレギュラーフラット

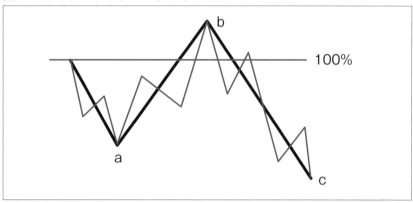

最後に4つ目が、ランニングフラットです。まずイレギュラーフラットと同じようにb波がa波を超えてきます。さらに、通常はc波はa波を超えてきますが、このパターンでは超えてきません。どういうことと言うと、下落方向の調整波であれば、全体としては下への動きとなるのが通常ですが、このランニングフラットの場合には調整波でありながら全体的には上方向への動きとなります。

図 4-21　ランニングフラット

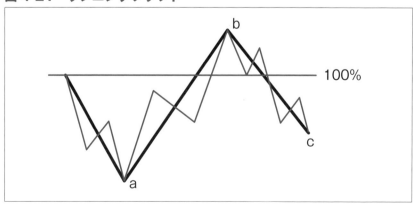

つまり、これは推進第2波のイレギュラーパターンとして紹介したランニングコレクションを細分化して調整波と捉えた場合のパターンといえます。少しわかりくいかもしれませんが、要するにランニングコレクションの中身がランニングフラットだと理解しておけば問題ありません。以上が調整3波動の特徴になります。

図 4-22　ランニングコレクション

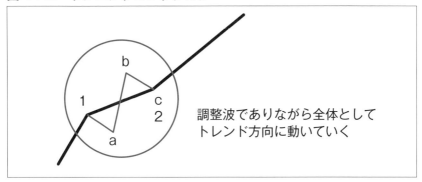

調整波でありながら全体として
トレンド方向に動いていく

▶ 調整5波の特徴

　続いて、調整5波動の特徴についてです。

図 4-23　調整 5 波動

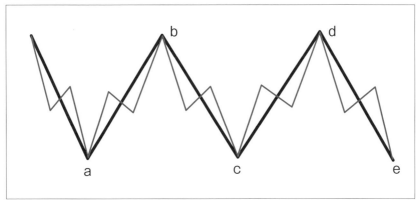

調整5波はすべて3波に細分化でき、複雑な動きをすることが多いです。そのため無理にカウントをしようとせず、チャートパターンとして認識するほうがその後のトレードという観点でもおすすめです。

　ということでここから個人的におすすめのチャートパターンも含めて3つご紹介します。

　1つ目がペナントです。これは上下どちらも先細っていくパターンで、いわゆる三角持ち合いとも言われるものです。

図4-24　ペナント

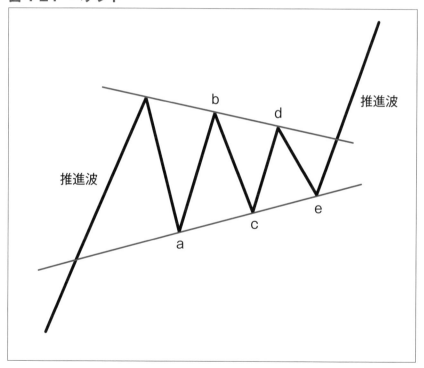

　2つ目がボックスで、これは3つの山と谷をつけるのが特徴です。いわゆる典型的なレンジ相場がこのパターンですね。

図 4-25　ボックス

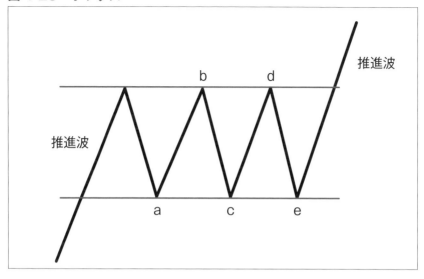

最後3つ目がフラッグです。これはチャネルラインに収まる形で平行に推移していき、ラインを抜けてブレイクしていくパターンです。

図 4-26　フラッグ

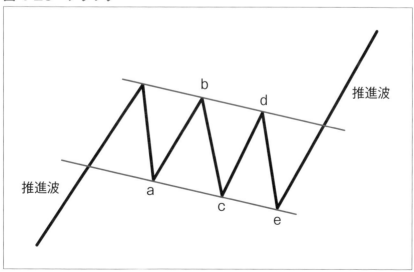

以上の3つが代表的な調整5波動のチャートパターンですが、要するにどれもトレンドラインう引くことができます。チャートパターンに収まらないパターンもありますが、トレードという観点では、とりあえずトレンドラインが引けるかに着目するのがいいと思います。

　ここまで調整波について解説してきましたが、繰り返しますが本書では調整波でのトレードはおすすめしていないので正直すべてを覚える必要はありません。しかし、調整波のあとには推進波が来るので、調整波を押さえることは次の推進波を見つけるきっかけになってきます。
　今回ご紹介した中から、1つでも自分の得意なパターンを作ることができれば、推進波でのトレードが断然やりやすくなるので、ぜひいろいろ試してみてください。
　ちなみに、個人的におすすめなのは、調整5波動のフラッグです。フラッグは推進波の第4波で比較的多く発生するパターンで、5波狙いという点でも私の鉄板パターンの1つになります。ぜひ試してみてください。

Point

- ジグザグ、フラット、ランニングフラットなど、調整波のパターンにはさまざまな形がある
- 調整5波動ではペナント、ボックス、フラッグなどのチャートパターンが重要
- 調整波でのトレードは推奨されないが、次の推進波を見つける手助けとなる重要な知識

CHAPTER 1
CHAPTER 2
CHAPTER 3
CHAPTER 4
CHAPTER 5
CHAPTER 6
CHAPTER 7

CHAPTER 4

34 フラクタル構造

フラクタル構造は、エリオット波動の中で重要な概念であり、トレンドの進行や転換のタイミングを正確に把握し、トレードの精度を高めるのに役立ちます。

▶ トレードの精度を高められる

　続いてフラクタル構造について解説していきます。個人的にこの**フラクタル構造がエリオット波動の肝**であり、トレードで利益を上げる最大のポイントだと考えています。

　ということで本題に入っていきますが、あらためてエリオット波動には推進波と調整波という波があります。

図 4-27　推進波と調整波

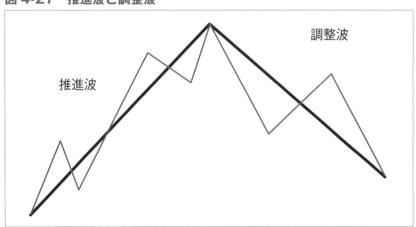

推進波はトレンド方向の動きで5波動、調整波はトレンドと逆方向の動きで3波動（または5波動）を構成しています。さらに推進波を構成する5つの波を分析すると、トレンド方向に動いている1波、3波、5波は推進波、トレンドと逆方向に動いている2波と4波は調整波となります。

図4-28　推進波の構成

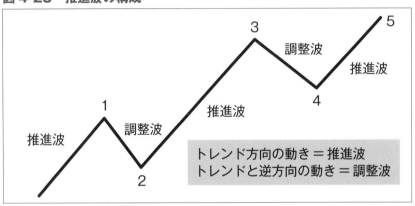

そして、1つ1つの推進波と調整波を細かく見ると、5波と3波に分解できるという話がここでも同様に成立します。

図4-29　フラクタル構造

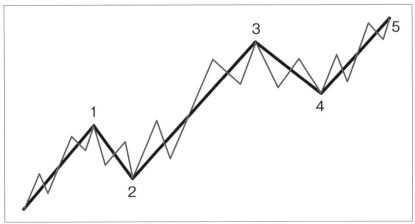

　つまり、最初の第1波を細分化すると5つの波で構成されており、第2波を細分化するとa、b、cの3つの波で構成されているというわけです。同様のことが、3波、4波、5波にも言えます。

　まとめると、1波、3波、5波は細分化すると5波に分解でき、2波と4波は3波（もしくは5波）に分解できるということです。これがエリオット波動の大きな特徴である「フラクタル構造」であり、「細分化」とも言われます。

　この細分化は理論的には1つの波について何回でもすることができます。ただ、トレードするという観点で言えば、1、2回の細分化をしてフラクタル構造を確認できれば十分です。この具体的なトレード方法についてはまた後ほど解説します。

　そして、調整a、b、c波についても、細分化するとa波が推進波、b波が調整波、c波が推進波と見ることができます。

図 4-30　調整 3 波動のフラクタル構造

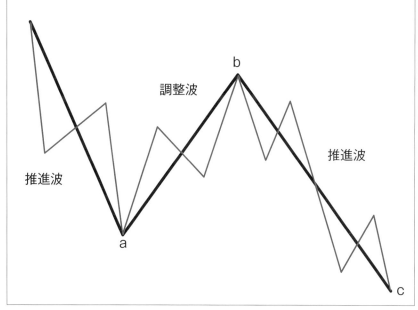

ただし、調整波の細分化においては、ａ波の推進波は５波で形成されるパターンもあれば３波で形成されるパターンもある一方で、ｂ波の調整波は３波、ｃ波の推進波は５波で形成されるというのが基本です。

　つまり、調整波のフラクタル構造は少し複雑になっています。このような事情もあり、本書では初めから調整波でのトレードは避け、推進波だけでトレードしていくというのをおすすめしています。ただ、フラクタル構造を理解するうえでは重要な知識なので頭には入れておくようにしてください。

Point

- 推進波と調整波はそれぞれ５波と３波（５波）で構成され、それぞれがフラクタル構造を持つ
- トレードという観点では、１、２回細分化してフラクタル構造を確認できれば十分

CHAPTER 1
CHAPTER 2
CHAPTER 3
CHAPTER 4
CHAPTER 5
CHAPTER 6
CHAPTER 7

CHAPTER 4

35 / フィボナッチの基礎

「フィボナッチ」はエリオット波動と相性がいいツールです。特に、リトレースメントやエクスパンションはトレンドの反転や継続のポイントを見極めるために利用されます。

▶より精度の高い波動カウントが可能になる

　推進波と調整波の特徴、フラクタル構造を押さえることで、エリオット波動の全体像は理解することができるでしょう。しかし、トレードをするためには波動のカウントを行なう必要があります。そこで、ここまでの知識に加えてフィボナッチを駆使することで、より精度の高い波動カウントが可能となります。

　ここからは、知識編の最後にフィボナッチについて解説していきます。フィボナッチはエリオット波動と非常に相性がよく、フラクタル構造と並んでエリオット波動の大きな特徴の1つと言えます。使用する数値は以下の通りです。

● フィボナッチ・リトレースメント
　0%、38.2%、50%、61.8%、78.6%、100%
● フィボナッチ・エクステンション
　100%、127.2%、138.2%、161.8%、200%
● フィボナッチ・エクスパンション
　61.8%、100%、161.8%

フィボナッチ・リトレースメントは、100％までの数字を用いてどれくらい戻すかを測るのに使います。フィボナッチ・エクステンションは、100％以上の数字を用いて、どれくらい伸びるかを測るのに使います。ちなみに、使用するツールはリトレースメントと同じです。フィボナッチ・エクスパンションもエクステンションと同様、どれくらい伸びるかを測るのに使いますが、こちらは3つの点を取って測っていきます。

　リトレースメントが主に調整方向の波の長さを測るのに対して、エクステンション、エクスパンションはトレンド方向の波の長さを測るのに使用します。ここで急に数字がたくさん出てきて不安になった人もいるかもしれませんが、最低限押さえてほしいのは、フィボナッチ・リトレースメントの以下の数値だけです。

① 38.2 ～ 50.0
② 61.8 ～ 78.6

　これだけ覚えておけば、とりあえず推進波のカウントの精度は上がります。というのも、推進波における2波や4波の押し目（戻し）は、この数値のどちらかに収まっていると、きれいな推進波になりやすいです。

図 4-31　2波と4波の戻し

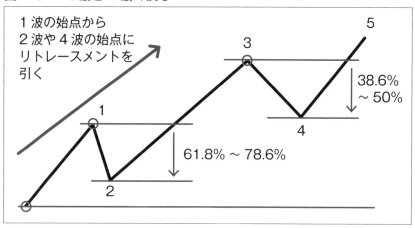

1波の始点から
2波や4波の始点に
リトレースメントを
引く

5
3
38.6%
～ 50%
1
4
61.8% ～ 78.6%
2

　また傾向として、2波は②61.8 ～ 78.6％の深戻しし、4波は①38.2 ～ 50.0％の浅戻しになりやすく、この形のときにはその後の5波も伸びていきやすいです。ちなみに、3波の始点と終点にリトレースメントを引くと、4波は61.8％まで戻すことが多いです。

▶エクスパンションで5波の伸びを測る

　以上が絶対に押さえるべきことで、ここから先は余裕があれば少しずつ覚えてみてください。

　まず、2波と4波が比較的明確な推進波の場合には、エクスパンションを使って5波の伸びを測れる可能性があります。

図 4-32　フィボナッチ・エクスパンション

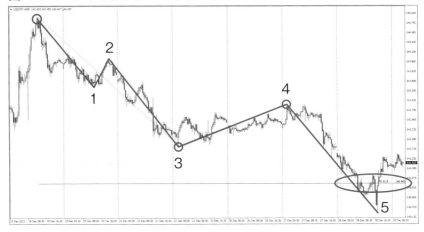

　エクスパンションは、1波の始点、3波の終点、4波の終点にそれぞれ点を取って引いていきます。この場合、5波は最低限61.8％まで伸びる可能性が高く、1つのターゲットになってきます。

　また、4波が深戻し（61.8％）の場合、5波のターゲットは100.0％になります。ただし、これはあくまで傾向で、5波が3波を越えてこない先ほど紹介したフェイラーもあるので注意が必要です。

また、1波の始点、1波の終点、2波の終点にエクスパンションを引くと3波の伸びを測ることができます。この場合、3波は161.8％以上になることが多いです。以上のように推進波は、フィボナッチを使ってその比率を測っていくことができます。

　次に、調整3波動のパターンであるジグザグコレクションとフラットコレクションもリトレースメントとエクスパンションを使って、c波の伸び率を測ることができます。

　まず、リトレースメントを使ってa波に対してb波の戻しを測り、61.8％を超えたかどうかを確認します。

　次に、エクスパンションをa波の始点と終点、b波の終点に引きます。この際、b波の戻しが61.8％以下であればジグザグコレクションであり、c波のターゲットはエクスパンションの100％となります。特にb波の戻しが78.6の深戻しであれば、c波はエクスパンションのターゲットは161.8％となり、時には200％くらいまで伸びることもあります。このあたりは調整3波動の特徴と一緒に見るとわかりやすいと思います。

　他にもエクステンションをa波の終点から始点に向かって引くことでe波の伸び率、つまり、調整5波の最終的な伸び率を測ることができます。この場合のe波のターゲットは127.2、138.2、161.8、200.0％となります。

　また、トレンドの転換ポイント（調整波→推進波）でエクステンションを使うことで転換後の推進1波がどこまで伸びるかも測ることができます。これはエクステンションを転換直前のe波の始点から終点に引くと、転換後の推進1波は161.8 〜 200％がターゲットとなります。

　以上がエリオット波動で使うフィボナッチですが、途中でもお伝えしたようにまずは推進波の2波と4波の戻しが38.2 〜 50％、61.8 〜 78.6％に収まっている綺麗な推進波を狙うことを意識してみてください。その他の知識はさらにエリオット波動を深めようと思ったときに役

立つと思います。

CHAPTER 1
CHAPTER 2
CHAPTER 3
CHAPTER 4
CHAPTER 5
CHAPTER 6
CHAPTER 7

Point

- 2 波と 4 波がそれぞれ 61.8 〜 78.6%、38.2 〜 50.0% に収まる形が理想
- エクスパンションを使用することで、ターゲットとなる目標価格を見積もることができる

エリオットカウントの 具体例

エリオット波動の正確なカウントは困難であり、多くのトレーダーがその精度に悩んでいます。しかし、インジケーターとエリオット波動の知識を組み合わせることで、カウントの安定性を向上させる方法があります。

▶ 正確なカウントが難しい

エリオット波動のカウントは、ここまでの基礎知識を駆使して行なっていきます。5波狙いのトレードをするのであれば、推進波の1波から4波までカウントできて初めて5波を狙うことができます。ですが、これが難しいのです。

そこで、**私のカウント方法は、まずはインジケーターを使ってある程度機械的にカウントを行ない、それからここまで説明したエリオット波動の知識、特に推進波のルールやフラクタル構造によりカウントの修正をしていきます。**これにより再現性を高め、いつも同じ基準でエリオットカウントができるようになるので、カウントの精度ともにトレードにも安定感が出てきます。

ここからいくつか具体例をお見せしていきますが、使用するインジケーターは一目均衡表の雲（デフォルト）のみです。この雲を抜けたり反発したりするなどしたら、それを1つの波と見ていきます。それではさっそく見ていきましょう。

まず、雲を下に抜けた波を1波。次に、雲を少し上抜けてすぐに反発

図 4-33　カウント具体例①

された波を2波。その後雲の下を推移している波が3波。そこから雲を上抜けた波が4波。最後に、雲を下抜けた波が5波という具合です。

　このように機械的にカウントしたうえで、次に3波が一番短くなっていないか、1波の終点と4波の終点が重なっていないかなどの推進波のルールを確認します。

　最後に時間足を落として各波のフラクタル構造を観察していき、1波が推進5波動、2波が調整3波動（または5波動）、3波が推進5波動、4波が調整5波動（または3波動）、5波が推進5波動になっていれば、そのカウントはおそらく正しいということになります。

　ですが、実際にすべての波でフラクタル構造を確認することは難しいですし、骨が折れる作業です。ですから、**5波狙いのトレードをするのであれば3波でしっかりフラクタル構造が観察できればOK**、このような自分なりの基準というか落としどころを持っておくのが現実的です。

　私自身も基本的には3波のフラクタル構造だけを確認して、他の波については軽く見る程度でトレードしています。ですから、まずは一目均衡表の雲を使ってある程度機械的にカウント、それから推進波のルールも確認。ここまでを最低限行なうようにしてください。

図4-34を見てください。こちらも推進波のルールを意識しながら雲抜けを基準にカウントしました。ただ、5波がイマイチ伸び切らないパターンでしたね。

図 4-34　カウント具体例②

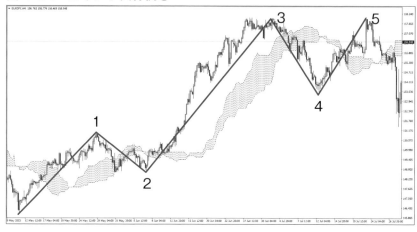

図4-35は、雲抜けなどでカウントしていき、5波が大きく伸びてくれたパターンとなりました。

図 4-35　カウント具体例③

ちなみに5波について時間足を落として観察してみると（図4-36）、ここでもどうにか推進5波動をカウントできました。このようにフラクタル構造も確認していきます。

図4-36　カウント具体例④（5波のフラクタル構造）

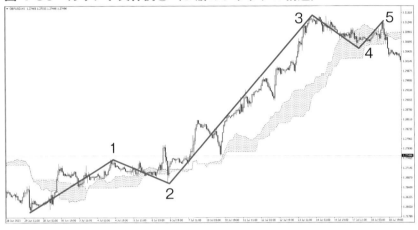

　以上が本書で紹介するエリオット波動のカウント方法です。まずは過去のすでに出来上がったチャートでカウントの感覚をつかむようにしてみてください。それから上位足や下位足でもカウントをしてみて、なるべく複数の時間足でフラクタル構造が成立するように、「ここが3波だとすれば、ここからが4波かな。でもそうすると下位足のカウントがうまくいかないな。それなら……」などと言いながらひたすらカウントの修正をしていく。そして、この作業にある程度慣れてきたら現在進行形のチャートでも練習してみてください。

　特に5波狙いであれば4波までカウントを行ない、その後の推移をしっかり観察して答え合わせをする。このような試行錯誤の作業をどれだけ積み重ねられるかで、エリオット波動トレードの精度は変わってきます。ぜひ根気強くトレーニングを続けていきましょう。

Point

- インジケーターを活用し、機械的なカウントを行なったあと、エリオット波動のルールとフラクタル構造を利用してカウントの精度を高める
- インジケーターとして一目均衡表の雲を使用し、波のカウントを機械的に行なう
- カウント後にエリオット波動のルールとフラクタル構造を確認し、カウントの修正を行なっていく

CHAPTER 1
CHAPTER 2
CHAPTER 3
CHAPTER 4
CHAPTER 5
CHAPTER 6
CHAPTER 7

CHAPTER 4
37 / おすすめのトレード方法

エリオット波動に基づくトレード方法の中でも、5波狙いは確度が高くなります。長期足で勢いを確認し、短期足でエントリータイミングを見極める具体的な手順を紹介します。

▶ 長期足で勢いを確認、短期足で狙う

　ここからは、私がおすすめする5波狙いの具体的なトレード方法を解説していきます。

　使用する時間足は、長期足、中期足、短期足の最低3つです。例えば、「日足、4時間足、1時間足」や、「4時間足、1時間足、15分足」といった具合です。

　わかりやすくトレードのコンセプトを説明すると、中期足における推進波の第5波を取るために、長期足で勢いを確認し、短期足でタイミングを合わせて狙うというものです。

図 4-37　トレード戦略

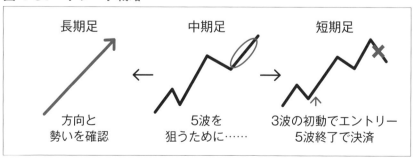

そのための手順は次の4つです。

①中期足で4波まで出来上がったチャートを探す
②長期足のトレンドと勢いを確認
③中期足の5波スタート＝短期足の3波の初動でエントリー
④短期足の5波終了＝中期足の5波終了で決済

以下、1つずつ説明していきます。

▶ ①中期足で4波まで出来上がったチャートを探す

4波まで出来上がったチャートを探す際には、まずフラッグなどのチャートパターンを起点にするのがおすすめです。例えば、フラッグであればとりあえずチャネルラインを引いてみて、そこから1波、2波、3波とカウントをしていきます。この際、誤解を恐れずに言えば1波と2波のカウントはアバウトでも構いません。あくまで狙いは5波なので、その直前の4波の形や3波でフラクタル構造が確認できればこの時点ではOKです。

図4-38　トレード方法①

なお、チャネルラインを引く際も多少ヒゲなどが飛び出してても気にせず全体が収まっていれば問題ありません。

▶ ②長期足のトレンドと勢いを確認

次に上位足も見ていきますが、ここではトレンドの方向性と勢いを見ていきます。買いで仕かけるなら上昇トレンド、売りで仕掛けるなら下落トレンドを確認するのは当然として、相場全体の角度や陽線と陰線の割合なども見ていきます。

中期足におけるカウントの精度も大切ですが、この上位足でのトレンドと勢いの判断を誤ると5波は伸びていかないことが多いので、慎重に判断するようにしてください。といっても中期足がきれいな推進波としてカウントできた場合、長期足の勢いも問題ないことが多いです。ですから、中期足のカウントが微妙な場合にトレードするかどうかの判断材料と考えてもいいでしょう。

図4-39　トレード方法②

▶ ③中期足の5波スタート＝
短期足の3波の初動でエントリー

　中期足、長期足と確認したら、いよいよ短期足でエントリーを仕かけていきます。この際、短期足の1波から取れればいいのですが、その場合、中期足の4波終了との見極めが難しくなってきます。そこで、短期足レベルでも推進波がスタートしたことを確認できる3波の初動でエントリーを仕かけていきます。

　図4-40を見てください。これだと1波分多少の目減りはしてしまいますが、もともと1波はそこまで伸びず、逆に3波は伸びやすいのでほとんど問題ありません。

　実際のエントリータイミングですが、ここまでフラクタル構造を踏まえたカウントができるようになっているのであれば自然と見えてくると思います。と言ってもせっかく一目均衡表を表示しているのであれば、雲を抜けたタイミングや直近高値安値を抜けたタイミングでエントリーを仕かけるのがいいでしょう。

　この際、前章で解説した通貨強弱も加味するとなお勝率や利益率は高まりますが、ここまでエリオット波動によるフィルターや長期足の勢い、

図4-40　トレード方法③

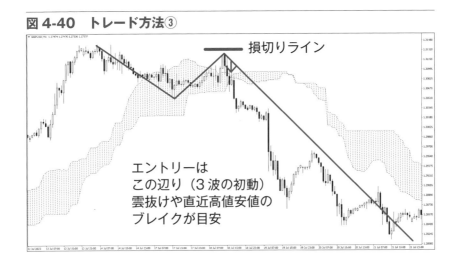

損切りライン

エントリーは
この辺り（3波の初動）
雲抜けや直近高値安値の
ブレイクが目安

エントリー時にも節目となる価格を意識しているのであれば、通貨強弱自体はそこまで厳密に確認しなくても大丈夫です。強弱感に多少のギャップさえあれば、トレードの優位性は担保されます（どちらも強い、どちらも弱いなどの場合だけ避けてください）。

　損切りは直近安値や高値である2波の終点（＝3波の始点）に置きます。なお、どうしても勝率を優先させたい場合は1波の始点に置くのも有効です。損切りは深くなってしまいますが、中期足における推進波のカウントが間違っていなければ短期足で1波の始点を割ることは絶対にありません。逆に、ここを割ってくるということは、そもそも推進波ではなかった疑いも出てくるので、もう少しカウントの精度を高めていく必要があるかもしれません。

▶ ④短期足の5波終了＝中期足の5波終了で決済

　そして利益確定は短期足の5波終了、もう少しポジション保有時間を短くしたいなら短期足の3波終了で決済をしていきます。

図4-41　トレード方法④

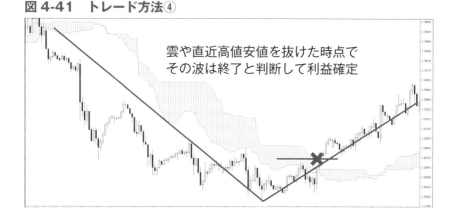

雲や直近高値安値を抜けた時点で
その波は終了と判断して利益確定

　ここで5波や3波の終了を正確に見極めるなら、短期足からさらに時間足を落としてエリオットカウントを行ない、推進5波動を形成してい

るかで判断していくことになります。それができる人はやっていただき
たいのですが、あくまで基本戦略はトレンドフォローなので、5波中
（もしくは3波中）に雲や直近安値高値を割ったら終了と考えて決済し
ても構いません。

　以上がエリオット波動トレードにおける5波狙いの手順になります。
まずはこの型を徹底して身につけてみてください。そうすることで、そ
れに伴いエリオット波動の理解やカウントの精度も高まり、この5波以
外の波、特に一番伸びやすいとされる3波の狙い方も自然とわかってく
ると思います。

　覚えることや身につけるべきスキルが多いエリオット波動ですが、学
習して損はない相場理論です。ぜひご自身の武器の1つに加えてみてく
ださい。

Point

- 中期足で4波まで出来上がったチャートを見つけ、長期足でト
  レンドを確認する
- エントリータイミングは短期足の3波の初動で行ない、決済は
  短期足の5波終了、または3波終了で行なう

エリオット波動と通貨強弱を組み合わせたリアルトレードの解説です。GBP/AUD を例に、エントリーや決済のタイミング、トレードの手順、裁量判断の重要性などを具体的に説明します。

▶ どのように立ち回るのか

　本章でも最後に、私が実際に行なったエリオット波動トレードを解説していきます。今回トレードした通貨ペアはポンド／オーストラリアドル（GBPAUD）です。

● エントリー日時：2023 年 7 月 6 日 11 時 00 分（MT4 時間）
● 決済日時：2023 年 7 月 12 日 14 時 50 分（MT4 時間）
● 価格：1.90730→1.92919（＋218.9pips、損切り幅：72.7pips）

　図4-42を見てください。まずは、ポンド／オーストラリアドルの4時間足チャートで4波らしきところにフラッグが形成されているのを確認しました。ここにチャネルラインを引くとともにエリオットカウントをしてみると2波が深戻し、4波がこの時点で浅戻しという比較的きれいな推進波が確認できました。ただ、実際には2波の戻しは78.6％をわずかに超え、4波の戻しは38.2％にわずかに届かないという状況でしたが、誤差の範囲内と考え分析を続けました。

図 4-42　GBPAUD　4 時間足

　次に日足を確認しました（図4-43）。右側の縦線2本の範囲が4時間
足レベルの推進波と見ているところです。相場全体としても明らかに上
昇トレンドですし、直近の4時間足レベルの部分も陽線が連続していて
勢いに問題はないと判断しました。

図 4-43　GBPAUD　日足

　その後、1時間足に落として観察していると（図4-44）、チャネルラ

インや雲を上抜けし、一旦2波の調整を付け反発する場面で3波の初動と判断しました。ここでは他にもサポレジラインとして意識されているラインでちょうど2波も切り返したことや、一度下抜けた雲を再び上抜けてきたことも考慮しています。

図4-44　GBPAUD　1時間足

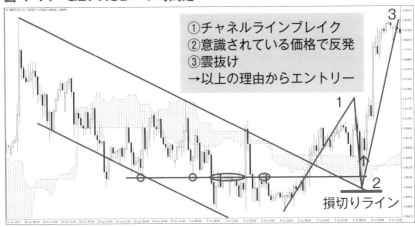

①チャネルラインブレイク
②意識されている価格で反発
③雲抜け
→以上の理由からエントリー

損切りライン

そしてポンドとオーストラリアドルの強弱感を複数の通貨ペアで軽くチェックしたところ、どちらもすごく強いわけでも弱いわけでもありませんでしたが、一応ポンドは強い側の通貨、オーストラリアドルは弱い側の通貨ということがわかったので、図4-45の矢印のロウソク足でエントリーをしました。損切りは直近安値である2波の終点に置きました。

その後は順調に伸びていき、3波、4波、5波とつけたように見えたので利確の準備をしていたのですが、いまいち利確のタイミングを掴めないまま相場はさらに伸びていきました。

図4-45　GBPAUD　1時間足

　その後、カウントの修正を若干しつつ明確な利確ポイントがあらわれるのを待って、安値更新で決済をしました（図4-46）。最初に設定した損切り幅72.7pipsに対して利益幅218.9pipsだったのでリスクリワードは約1：3とまずまずの結果でした。

　この実践事例で注目してほしいのは、トレードの手順はもちろんですが、裁量判断をしているところだったり、途中でカウントの修正をしたりしているところです。

　例えば、フラッグとしてチャネルラインを引いたところですが、その角度や多少ヒゲが飛び出しているところなど、このあたりは経験を積んでいく中で自分なりの基準を作り上げていかなければいけません。

　私自身、エリオット波動でトレードし始めて数年経ちますが、未だにカウントミスはよくあります。そんなときでも冷静に分析してカウントを修正して対応していきます。

図 4-46　GBPAUD　1 時間足

　エリオット波動はすべての相場を完璧に読み解ける理論という建前ですが、そんなことは土台無理な話ですし、する必要もありません。大事なのは間違いだと気づいたときにどう立ち回るかです。エリオット波動トレードでは特にそれが顕著にあらわれます。ぜひこのことを頭の片隅に置いておいてください。

Point

- チャートパターンやトレンド、通貨強弱を考慮し、裁量判断が重要であり、カウントの修正も必要
- 経験を積みながら、自身のトレード基準を築き、間違いに気づいた際の対応がトレードの鍵

最強の「資金管理」

39 / お金が動くすべての場面で損失を限定する

資金管理はトレード成功の鍵となります。口座に入れる資金、トレード時の損失制限、利益の出金ルールを設け、リスクを最小限に抑えましょう。

▶生き残るために必要な最重要スキル

資金管理は、相場に生き残り、長くトレードをしていくために必要なスキルです。世界でも有名な投資家ジョージ・ソロスも、「まずは生き残れ。儲けるのはそのあとだ」という名言を残しているように、相場に生き残るために資金管理は非常に重要です。トレードで一番大事なスキルは資金管理だというトレーダーも多くいます。

資金管理は「1回のトレード当たりの損失を限定する」という文脈で語られがちですが、私はもっと広い文脈で多角的に考えて、はじめて「相場に生き残る」ということが可能になってくると考えています。つまり、「1回のトレードに限らず、お金が動くすべての場面で損失を限定する」といったルールを設けていくべきだと考えています。

例えば、証券会社の口座にお金を入れる入金段階を考えてみてください。FXは投資である以上、必ず余裕資金で行なうべきです。これは、FXというのは損失のリスクもあるため、最悪の場合なくなってもいいお金でトレードすべき、という意味合いもあります。

ですが、実が**それ以上に大事なのが心の余裕です。**トレードではメン

タルが大事と言われますが、心の余裕はメンタルに直結するため、トレードの成績に如実にあらわれてしまいます。

　生活費をトレードにつぎ込むなどしてお金の余裕がない人は、冷静な判断ができません。事実、お金のストレスはIQを下げると言われています。つまり、余裕資金でトレードを行なうことは、万が一の自分の生活を守るために必要なアクションであり、相場で戦ってしっかり利益を上げていくためにも必要なことなのです。

　ただし、一口に余裕資金といっても、それが意味するところは人によって全然違ってくるかと思います。まだ若い独身の方であれば、「余裕資金＝毎月の黒字分」という考え方ができるかもしれません。しかし、進学を控えたお子さんをお持ちの方や、親の介護などで近い将来にお金を使う予定がある方は、その分を考慮して余裕資金の概念を考えていく必要があります。

　このあたりはご自身の生活環境を考慮してシビアにお考えください。

▶ お金は口座内にあるうちはただの数字の羅列

　口座に入れた資金は、当然1トレードあたりの損失を限定すると同時に、「何回負けたらその週はトレードを休む」など、トータルで損失を限定するという視点も重要です。

　いくら1回あたりの損失を限定したところで、その回数が重なれば損失は自分の許容範囲を超えていきます。その都度のリスクとご自身のトレード全体のリスクのバランスを考えるようにしてください。

　そして、最後に大事なことをお伝えします。いくらトレードで利益を上げようと、口座内にあるうちはただの数字の羅列で、常にマイナスになるリスクもはらんでいます。それらは引き出して、はじめて使えるお金になるわけです。ですから、出金ルールを決めておくこともご自身の大切なお金を守るために必要なことです。

どのくらいの期間でいくら出金するのか、トレード資金を増やしたいフェーズなのかどうか、納税のことなども考えて、しっかりルールを作っておくことをおすすめします。国内の証券会社をお使いの方は、最低でも利益の20％（税金分）は毎月出金して別口座にプールしておくようにしてください。

　以上のように、資金管理は入金するフェーズ、口座内でトレードするフェーズ、そして出金するフェーズと、全体のバランスを考えながらルール作りを行なってみてください。

Point

- 資金管理は入金、トレード、出金の各フェーズでバランスを考えてルールを作ることが重要
- リスクを最小限に抑えるために、冷静な判断と計画的な行動が必要

40 / トレードは 損切りから考える

トレード成功の鍵は損切りから。リスクを最小限に抑えるためには、冷静な判断と計画的な行動が不可欠です。

▶ 損失を最小限に抑えることが成功への鍵

「トレードは必ずリスクをのんで行なう」

　私自身も常に意識していることで、YouTubeやXでも何度も言わせていただいていることです。お金を稼ぎたくてFXをやっている以上、私たちは利益のことばかり考えてトレードしてしまいがちです。ですが、これまで何度も言ってきたように、トレードとは常に損失のリスクがあるビジネスです。常に冷静なトレードを行なうためにも、想定外の損失は限りなくゼロにすべきです。そのためには、何よりも先に損失から考えてトレードを行なうことが大切だと考えます。

　損失から考えて行なうトレードの思考の順番をお伝えします。

①まず、チャートを見たときに、方向性を確認して目線を固定します（環境認識）。
②次に、現在のチャートでトレードするとすればどこに損切り（S/L）を置くかを考えます。
③そして、損切り位置が決まってはじめて具体的にどこでエントリーするかを考えていきます。

図 5-1　トレードの思考順序

多くの人は②と③が逆になっていないでしょうか？　もしくは、最初にいきなり③のエントリーポイントを探そうとしていませんか？

　もちろん、これは概念的なものなので、実際にはチャートを見た瞬間に最初にエントリーポイントが見えてくることもあります。ですが、あくまで思考の順番としては、まずトレンドの方向性を確認して買いか売りかの目線を決めて、そう判断した根拠が崩れるポイント＝損切りラインを決めてから、エントリータイミングを探るというのが正しい順番だと私は考えます。

　こうすることにより、嫌が応でもリスクから考える思考が身につき、利益優先でトレードしてしまうという悪いクセがつくことを防止できます。トレードのやり方も大事ですが、資金管理においては考え方も非常に重要です。

Point

● トレードの思考順序は、環境認識、S/L の設定、エントリーポイントの決定の順

CHAPTER 1
CHAPTER 2
CHAPTER 3
CHAPTER 4
CHAPTER 5
CHAPTER 6
CHAPTER 7

CHAPTER 5

41 / 2%ルール

トレードでのリスク管理は成功の鍵。その中でも「2%ルール」は損失を最小限に抑えるための有効な手法です。

▶ トレード1回のリスクを限定できる

トレードをする際にどのくらいのロット（通貨量）を打ち込むか、なかなか考えどころだと思います。ここは資金管理とも密接にかかわってくるトレードの重要な要素の1つですが、明確な答えを出してくれる「2%ルール」というものがあります。

これは簡単にいうと、「トレード1回の損失を口座資金の2%に収まるようにロットを調整する」というルールです。例えば、口座資金が100万円なら、トレード1回の損失額を2万円（2%）に設定することになります。この場合のエントリー時の損切り幅が10pipsなら20万通貨、100pipsなら2万通貨という具合に、打ち込むロットは自動的に決まってきます。

▶ リスクをのんだトレードがしやすくなる

この2%ルールのメリットは主に2つあります。

1つ目が、損失額があらかじめ明確なので、リスクをのんだトレードがしやすくなることです。負けた場合の損失がわからないままトレードするから、私たちは不安になってメンタルがブレてしまうという側面が

あります。これが、結果的にルールを破ったトレードや、冷静さを欠いた行動などにつながってしまうのです。

しかし2％ルールなら、先に損失額や損切り幅というリスクを明確にしないとロットが定まらないため、そもそもエントリーができません。こうすることで、損失を限定してくれるだけではなく、メンタルの安定にも貢献してくます。

▶ 徹底して自分の資金を守ることができる

2つ目のメリットが、徹底して自分の資金を守ることができることです。例えば、100万円の証拠金に対して2％の損失額は2万円ですが、仮に負けた場合、次のトレードは98万円（100万円－2万円）の2％である1万9600円の損失額にロットを調整してトレードすることになります。

つまり、負けて資金が減れば、それに合わせて損失額も調整されることになるので、多少連敗が続いてしまっても確実に資金を守ることができるのです。

一方で、資金が減った際にロットも小さくなるのであれば、元の資金量に回復するまで多少の時間がかかってしまうことがデメリットです。しかし、まだ**トレードが安定しないうちは資金を守ることを何よりも優先すべき**です。

また、一度失った資金を回復するという側面だけに注目すると確かにデメリットに感じますが、トレードが安定してくればロットも自然と大きくなり、複利の力で雪だるま式に資金が増えていくという側面もあります。

このような性質を考えると、特にこだわりがない限り、2％ルールを資金管理として採用するのが鉄板だと私は思います。ただし、別に「2％」という数字にこだわる必要はありません。最初のうちは1％くらいのリスクでやっていくべきだと思いますし、自信がついてくればその

割合を上げて資金を増やすスピードを加速させることもできます。

　個人的には、どんなに上げても5%です。これ以上は複利のスピードにメンタルがついていかなくなる可能性があるので、ここがリミットだと感じます。2%ルールは1〜5%の範囲内で無理なく運用していってください。

　ロットの具体的な計算方法は、以下の式で算出できます。

● クロス円
　　ロット（通貨量）＝損失額÷損失幅（pips）×100
● ドルストレート
　　ロット（通貨量）＝損失額÷損失幅（pips）÷ドル円レート×10000

　毎回この計算式に当てはめて算出するのは煩雑な作業になるため、アプリやWebサイトを活用したりするのがおすすめです。少し探せばすぐにいろいろと出てくると思うので、ぜひ試してみてください。ここの手間をいかに簡略化するかも長くトレードを継続していくためには重要な要素です。

Point

- 2%ルールはトレード1回の損失を口座資金の2%に収める方法
- 数字にこだわりすぎず、1〜5%の範囲内でリスク管理を行ない、トレードを長期的に続けることが重要

42 / 破産確率を0%にする

バルサラの破産確率表は、トレーダーがトレード戦略のリスクを数値化
し、損失を最小限に抑えるための重要なツールです。

▶ 損失を最小限に抑えるために

　資金管理では、損失の限定は何よりも重要です。もっといえば、根本
のトレードルール自体のリスクを最小限にするアプローチも忘れてはい
けません。そこで役に立つのが「バルサラの破産確率表」（図5-2、
5-3）です。

　これは、統計学に基づいて自分のトレードが破産する確率、つまり資
金を飛ばして退場してしまう確率を算出できるものです。具体的には、
「勝率」「ペイオフレシオ（損益率）」「損失許容率（％）」の3要素を使
用して破産確率を求めます。この3要素は検証などで算出して表に当て
はめていきます。

　勝率と損失許容率はイメージしやすいと思いますが、ペイオフレシオ
は何かということです。これは「平均利益÷平均損失」で求めることが
できますが、つまりリスクリワードのことです。

　図5-3を例に説明します。例えば、勝率50％、ペイオフレシオ1.2
（リスクリワード1：1.2）、損失許容率5％の場合、理屈のうえではゆっ
くりですが資金は増えていきそうですよね。

　しかし、バルサラの破産確率表に当てはめて考えて見てみると、破産

図 5-2　バルサラの破産確率表（2%）

損益許容率 2%		勝率									
		10%	20%	30%	40%	50%	60%	70%	80%	90%	100%
ベイオフレシオ	0.2	100	100	100	100	100	100	100	100	0	0
	0.4	100	100	100	100	100	100	100	0	0	0
	0.6	100	100	100	100	100	100	0	0	0	0
	0.8	100	100	100	100	100	0	0	0	0	0
	1	100	100	100	100	99.5	0	0	0	0	0
	1.2	100	100	100	100	0.02	0	0	0	0	0
	1.4	100	100	100	100	0	0	0	0	0	0
	1.6	100	100	100	8.28	0	0	0	0	0	0
	1.8	100	100	100	0.14	0	0	0	0	0	0
	2	100	100	100	0.01	0	0	0	0	0	0
	2.2	100	100	100	0	0	0	0	0	0	0
	2.4	100	100	43.52	0	0	0	0	0	0	0
	2.6	100	100	4.81	0	0	0	0	0	0	0
	2.8	100	100	0.77	0	0	0	0	0	0	0
	3	100	100	0.16	0	0	0	0	0	0	0

図 5-3　バルサラの破産確率表（5%）

損益許容率 5%		勝率									
		10%	20%	30%	40%	50%	60%	70%	80%	90%	100%
ベイオフレシオ	0.2	100	100	100	100	100	100	100	100	0	0
	0.4	100	100	100	100	100	100	100	0	0	0
	0.6	100	100	100	100	100	100	0.02	0	0	0
	0.8	100	100	100	100	100	1.76	0	0	0	0
	1	100	100	100	100	99.8	0	0	0	0	0
	1.2	100	100	100	100	3.59	0	0	0	0	0
	1.4	100	100	100	100	0.35	0	0	0	0	0
	1.6	100	100	100	36.92	0.06	0	0	0	0	0
	1.8	100	100	100	7.21	0.02	0	0	0	0	0
	2	100	100	100	2.02	0.01	0	0	0	0	0
	2.2	100	100	100	0.74	0	0	0	0	0	0
	2.4	100	100	71.69	0.33	0	0	0	0	0	0
	2.6	100	100	29.7	0.17	0	0	0	0	0	0
	2.8	100	100	14.26	0.1	0	0	0	0	0	0
	3	100	100	7.67	0.06	0	0	0	0	0	0

確率は「3.59%」です。1回のトレードで資金を飛ばしてしまうリスクは低いですが、長く続けていくと何らかの原因でほぼ確実に飛ばしてし

まう結果となるのです。

この場合、もう少し勝率やペイオフレシオを上げられないか？　損失許容率を下げるとどうかなるか？　などの検証を重ねていき、できれば破産確率0％、最低でも1％未満にトレードルールを調整していきます。

ただし、一般的に勝率とリスクリワードはトレードオフの関係であり、両方とも高めようとするとどこかに無理がきます。ですから、この2つはうまくバランスを取りつつ、損失許容率で調整するというのが現実的かもしれません。先ほどの2％ルールの解説で、「どんなにリスクを取っても5％が限界」と述べたのはこのような側面もあります。

このバルサラの破産確率表は、トレードルールを作るために活用していってください。ネットで検索すると、ここで掲載している損失許容率以外の表や、自動で計算してくれるサイトなどもすぐに見つかると思います。

Point

- 勝率、ペイオフレシオ、損失許容率の3つの要素を入力して、トレードの破産確率を計算し、リスクを管理する
- 2％ルールとバルサラの破産確率表を組み合わせることで、より具体的なリスク評価が可能となり、効果的なトレード戦略を構築できる

CHAPTER 1
CHAPTER 2
CHAPTER 3
CHAPTER 4
CHAPTER 5
CHAPTER 6
CHAPTER 7

CHAPTER 5
43 / 面倒くさがり屋の資金管理方法

面倒くさがりなトレーダー向けに、2%ルールの代替案を提案します。
ざっくりと2%ルールで運用する方法と、ロットを固定してトレードする方法を紹介します。

▶2%ルールの代替案

　1トレードあたりの資金管理方法として、2%ルールを紹介しました。読者のみなさんにはこの資金管理方法を強くおすすめしますし、私もかつてはこの2%ルールで真面目にトレードをしていました。しかし、元来の面倒くさがり屋の性格もあり、実は継続するのが大変だったという事実があります。

　そのため、ここでは私と同じような方に向けて、2%ルールの代替案を2つ紹介します（2%ルールで問題なく運用できる方は読み飛ばしていただいて構いません）。

▶①ざっくりと2%ルールで運用する

　代替案の1つ目が、「ざっくりと2%ルールで運用する」というものです。

　具体的には、現在の自分の資金量に対して損失を2%（任意の割合）にするには、損切り幅（pips）に対して何ロットにすればいいかをあらかじめ一覧表にしておきます（図5-4）。

　あとはエントリー時に損切り幅を確認し、一覧表のロット数「以下」

図 5-4　面倒くさがり屋の資金管理表

資金	1000000
1回の損益の％	2
1回の損益の金額	20000

ドル円レート	150

クロス円	
損切りまでのPIPS数	枚数（1=1000通貨）
1	2000
2	1000
3	666
4	500
5	400
6	333
7	285
8	250
9	222
10	200
11	181
12	166
13	153
14	142
15	133
16	125
17	117
18	111
19	105
20	100
21	95
22	90
23	86
24	83
25	80
26	76
27	74
28	71
29	68
30	66
31	64

ドルストレート	
損切りまでのPIPS数	枚数（1=1000通貨）
1	1333
2	666
3	444
4	333
5	266
6	222
7	190
8	166
9	148
10	133
11	121
12	111
13	102
14	95
15	88
16	83
17	78
18	74
19	70
20	66
21	63
22	60
23	57
24	55
25	53
26	51
27	49
28	47
29	45
30	44
31	43

でエントリーするだけです。こうすることで、毎回計算するよりは若干正確性に欠けますが、おおよその資金管理は可能になってきます。資金量が変われば表を作り直せばいいだけなので、Excelなどの表計算ソフトで管理するのがおすすめです。

▶②ロットを固定してトレードする

　代替案の2つ目が、ロットを固定してトレードするというものです。

　毎回の計算が面倒、一覧表の確認も面倒、この境地に行き着いてしまった私の現在の資金管理方法です。

　といっても、ただロットを固定してトレードしていたのでは毎回のトレードの損失がバラバラになってしまい、資金管理としての機能を果たしません。そこで私は、ロットを固定する代わりに、**一定の損切り幅以上ではどんなによいエントリーポイントであったとしてもトレードは見送る**というルールを設けています。

　資金管理の本質は損失を限定することでした。毎回のトレードの損失額がバラバラだったとしても、最大損失額さえ把握できていれば資金管理として最低限の役割は果たしてくれます。

　また、私は膨大な検証と実際のトレードにより、平均の損失幅というのも把握しています。ですから、ロットを固定したとしても実際には決済してみないと損失がわからないという感覚はほとんどないので、ポジションを持っていて不安になるということもありません。

　私の場合、具体的には100pips以上の損失幅になる場合にはトレードを行ないません。日頃スキャルピングやデイトレードをされている方からすれば、それでも100pipsもリスクを取るのかと思われるかもしれませんが、私のトレードはスイングが基本で、常に200pipsや300pips、ときには500pips以上の利益を狙っているので、それほどリスクを取っているつもりもありません。

　また、当然いつも100pipsもリスクを取っているわけではなく、平均

すると50pips前後の損失幅に収まることが多いです。場合によっては10～20pipsと狭い損切り幅にもかかわらず、100pipsや200pipsの利益も狙えるようなトレードになっています。つまり、毎回ロット計算するのが面倒くさいからという理由でロットを固定しているわけですが、実際には膨大な検証と実戦で自分のトレードを把握したうえで、意外と緻密に設計した資金管理方法で運用しているわけです。

　動機がほめられたものではないので、読者のみなさんには王道である2%ルールを強くおすすめしますが、どうしても合わないという方は今回ご紹介したアイデアを1つの参考にして、ご自身にあった方法を模索してみてください。

Point

- ざっくりと2%ルールで運用する方法では、一覧表を作成して損切り幅に応じたロット数を参照しながらトレードをする
- ロットを固定してトレードする方法では、毎回のトレードで同じロット数にする代わりに、最大損失額を限定してリスクを管理

44 / 資金管理だけは
ミスが許されない

資金管理はトレードにおいて最も重要な要素の１つであり、その重要
性は絶対的です。資金はトレーダーの兵隊であり、ミスが許されないも
のになります。

▶ お金は兵隊である

　ここまで資金管理の重要性や具体的な方法までお伝えしてきました。
ひょっとすると一般的なトレードの書籍と比べると、少し資金管理という
項目にページ数を割いているかもしれません。というのも、「資金管理だけ
は絶対にミスが許されない」、このような私自身の強い思いがあるからです。

　私たちはお金を稼ぐためにトレードを行なっているわけですが、これ
はお金を使ってお金を稼ぐ行為です。つまり、お金は兵隊なのです。ど
んなに優位性のある手法を持っていたとしても、兵隊を失っては１円も
稼ぐことはできません。このことはトレードに限らず、投資全般の普遍
の原理です。だから資金管理は大事だと言われるし、それにとどまらず
一度のミスすらも許されないのです。

　私がロットを固定してトレードしているのも、毎回計算することでミ
スする可能性がつきまとうくらいなら固定したほうがいいのではないか、
という思惑もあります。

　また、2％ルールをおすすめしておきながら代替案を紹介しているの
は、継続できないルールを設けるくらいなら、少しゆるめて継続を優先
しましょうという趣旨です。

▶「初心者だから」は通用しない

　ですから、まずは何としてでも自分の資金を守る。この意識で実際の運用も行なうようにしてください。そのためには、あらゆるリスクを見積もって想定外をなくすことが重要です。

　わかりやすいところでいえば、相場における予想外の動きがあります。予想外と言っている時点で駄目なのです。トレード前にどのような動きをする可能性があるか、その各場合において自分はどのようなアクションを取るのかを考えておく必要があります。

　この予測には経験が必要で、相場経験が浅い方には厳しいことを言っていることは理解しています。ですが、相場はプロアマ問わずお金を奪い合う世界、「初心者だから」は通用しません。一刻も早く経験値を積んでください。

　ただし、別にこの経験値を積むという作業には実際のお金を賭ける必要はありません。デモトレードや過去検証で相場がどのような動きをする可能性があるのか、そのパターンのようなものは十分学習することができます。

　特に、過去検証であれば短期間で大量の経験を積むことができるので、なおさら「自分はまだ経験が浅いから」という言い訳は通用しなくなります。経験が浅いなら経験値を積む。この考えを持って、あらゆるリスクを想定して鉄壁の資金管理を行なうようにしてください。

Point

- ロットを固定したり、2%ルールの代替案を検討することで、無理のない資金管理を行なう
- 経験値を積むためにはデモトレードや過去検証を活用すること

45 / 適度に出金して使うことも大切

トレードにおけるマネープレッシャーとは、口座内の資金が増えたことで増大するリスク意識です。適切な資金管理と出金ルールを設定することで、トレードの安定性とモチベーションの維持が可能となります。

▶マネープレッシャーとの向き合い方

　しっかり資金を守って自分のトレードが確立してくると、自然と口座内のお金は増えていくと思います。特に2％ルールで安定してくると、複利の力でどんどんロットも大きくなることで、1回で稼げる金額も大きくなってきます。しかし、そこで次第に問題になってくるのが「マネープレッシャー」です。

　FXはレバレッジをかけて運用する投資商品という性質もあり、普段なかなか使うことのない金額を動かすことになります。そのおかげで、会社員の1か月分の給料を軽く超える金額を稼ぐこともあれば、それ以上の額を一瞬で失うこともあるわけです。ここにマネープレッシャーを感じる原因があります。つまり、トレードをするのが怖くなってしまう、ということです。

　これを気合いや根性などの意志の力でどうにかしようとすると、100％どこかで無理がきます。自分のトレードが確立したあとは、マネープレッシャーとどうつき合っていくかがテーマになってきます。

一番早い解決策は、口座から出金して、そもそもロットを張れないようにすることです。そこそこの利益で満足しながら、利益分はしっかり出金して稼ぎとして確保する。これがマネープレッシャーと向き合うには有効だと私は思います。

　反対に、口座内の資金を出金もせずに最短最速で大きくしようとするから、負けたときのダメージが大きくなるわけです。つまりは、今までの努力が無になるような怖さを感じてしまうのです。こうならないためには、しっかり出金をして、それまでの努力、成果を確定することです。そうすることで、マネープレッシャーの根本にアプローチすることもできます。

▶ 適度な出金を心がける

　私たちはお金を稼ぐためにFXをしているわけですが、お金を稼ぐことを目的にFXをしている人はおそらくいないと思います。稼いだ先に買いたいものや、やりたいことなど、何かしらに使うことを目的にしているはずです。だったらその目的を少しずつ叶えていくことで、これからも長く続くであろうトレード人生のモチベーションにしていきましょう。

　目的もなく何かを継続することは、とても難しいことです。あるときは魔が差してしまい、ルールを破ったトレードをした挙げ句、資金を失ってしまうこともあるかもしれません。そうした行為を事前に防ぎ、モチベーションを維持しながらトレードしていくためにも、適度に出金してしっかり使っていく、この考え方は重要だと感じます。

　口座内にあるうちはただの数字の羅列にすぎないのです。その状態でトレードをする可能性がある以上、それはあなたが自由に使えるお金ではありません。出金してはじめてあなたのお金となるのです。資金管理はお金が動く各フェーズで損失を限定するアプローチを行なう。そのよ

うな観点からも、適度に出金をするルールをしっかり設けることを検討してみてください。

Point

- 出金を定期的に行ない、トレード資金を確保することでリスクを軽減できる
- 口座内の資金はリスクを理解し、出金してはじめて自分のお金となることを認識する

46 / 家計の資金管理も 忘れずに

家計の資金管理はトレード成功の前提条件となるものです。収支を把握し、無駄な支出を削減することが重要です。

▶家計は黒字であることが最低条件

　資金管理の最後に、さらに大事な話をします。あなたは、家計の管理はしっかりできていますか？　耳が痛いことを聞かれたと思った方もいたかもしれません。

　言葉を選ばずに言いますが、お金に困っているからFXというレバレッジをきかせた投資をやっているわけですよね？　そうであれば、まずやるべきなのはFXで増やそうとすることではなく、家計の資金管理です。

　家計の管理もできない人間が、より大金が動き、かつ繊細さが求められるトレードの世界の資金管理など、できるはずがありません。これは、私個人の経験からの持論です。

　投資は余剰資金で行なうべきである以上、少なくとも家計は黒字であることが最低条件です。何をもって余剰資金と言えるかは家族構成やそのときの状況によって変わります。何にいくらくらい使っているのかを把握して、将来の支出予定を把握することも必要になってきます。

　そのために**一番有効な方法が家計簿をつけること。**家計簿というと面倒で続かないという人もいるかもしれませんが、今ではさまざまな便利

なアプリがありますし、紙の家計簿のほうが楽しく続けられるという方もいるかもしれません。

　完璧な家計簿を目指さなくとも、クレジットカードや銀行口座をうまく使い分けることにより、おおよそのお金の流れを把握することは可能です。まずは自分のお金の流れを把握するようにしてください。

▶ 種銭がないのなら、まずは労働による収入アップを

　繰り返しになりますが、家計の管理ができない人間にトレードの資金管理なんてできるわけがない……このマインドで取り組んでみてください。固定費の見直しなどをすることで、意外な家計の無駄も見えてきます。こういう話をすると、「そんなことはとっくの昔にやっている、それでも自分はお金に困っているからFXを始めたんだ」という声が聞こえてきそうですが、あえて言わせてください。私も職なし貯金なしからFXを始めたので、痛いほど気持ちはわかります。だったら家計の見直しに加えて、まずは労働による収入アップを考えるべきです。事実、100万円くらいまでは正直FXで稼ごうとするより労働収入で稼いだほうが早いし確実です。

　FXも投資である以上、軍資金は絶対に必要です。FXには資金ゼロから大金を生み出す魔法はありません。まずは収入を増やすアプローチを徹底的に模索してください。

　その際は、現在の自分のスキルを横展開できないか、新たにスキルを身につけて今持っているスキルと組み合わすことはできないかなど、いろいろと考えを巡らせてみてください。「副業なんて自分にはできっこない」と思う方もいるかもしれませんが、自分のスキルを眠らせている方や、少しだけスキルを身につけるだけで収入アップが望める方は意外と多いように感じます。

　他には、現在勤務している会社と時給交渉することも考えられます。もちろん、その際は交渉できるだけの成果やスキルは用意します。もし

交渉にすら応じてもらえないようなら、それは転職を考える人生のターニングポイントなのかもしれません。

▶FXに真剣に向き合うことは、人生に向き合うこと

　ここまで厳しいことを言っているように聞こえたかもしれませんが、FXに真剣に向き合うことは、人生に向き合うことであるとも私は思っています。相場の世界はそんなに甘くない。それはこの本を手に取ってここまで読み進めてくださった方であればすでに実感しているはずです。だから何度でも言います。まずは無駄な支出を削って、労働収入を最大化させる。そのうえでトレードを行なってください。

　資金がない間はトレードスキルを磨く期間に当ててください。実際にトレードをスタートしたあとも、自分が満足できる金額を稼げるようになるまでは追加入金を続けて種を大きくしてください。

　これが私も通ってきた道ですし、遠回りであるようで実は最短最速でFXで稼ぐ近道だと私は確信しています。

Point

- 家計簿をつけることで収支を把握しやすくなる
- FXは軍資金が必要な投資。軍資金は支出を徹底的に削り、労働収入を最大化させて準備する

CHAPTER 6

確度の高い
「テクニック10選」

CHAPTER 6

47 / 押し目買い、戻り売り

トレードの成功に欠かせないのが「押し目買い」と「戻り売り」です。
シンプルながら効果的な戦略を理解し、精度を高めていきましょう。

▶ シンプルな押し目買いと戻り売りをマスターする

　資金管理についての理解を深めたところで、ここからはあらためてスキルについての解説を進めていきます。ここまで通貨強弱やエリオット波動といった環境認識の方法を解説してきましたが、やっていることは結局トレンドフォローにおける押し目買いと戻り売りです。

　私自身もシンプルな押し目買いと戻り売りをマスターしたことで少しずつトレードで利益を上げられるようになり、その精度をさらに高めるために通貨強弱とエリオット波動を取り入れているというだけです。

図 6-1　押し目買いと戻り売り

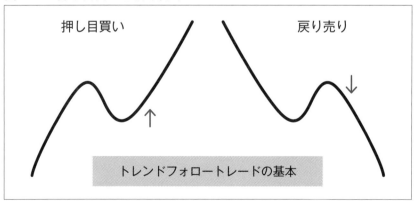

押し目買い　　　　　　　　　　　　　　戻り売り

トレンドフォロートレードの基本

ですから、通貨強弱やエリオット波動が難しく感じられる方は、まずはシンプルな押し目買いと戻り売りをマスターすることを意識してみてください。ここでは押し目買いと戻り売りの精度を高めるためのコツをいくつか紹介します。

▶①上位足と同じ方向にエントリー

1つ目のポイントは上位足と同じ方向にエントリーすることです。トレンドフォローの基本であり、実践している人も多いかもしれません。

上位足が上昇トレンドなら下位足の押し目を狙って買い。上位足が下落トレンドなら下位足の戻りを狙って売り、というものです。

ここで問題になってくるのが、「何をもって上位足のトレンドと判断するのか」です。一般的には、本書で紹介したダウ理論やエリオット波動などの相場分析理論や、他にも移動平均線などのインジケーターなどで判断していきます。

ここに関しては裁量の大きい方法から小さい方法まであり、どれが良い悪いというものではないので、自身が使いやすいトレンド判断の方法を採用してもらえればと思います。

図6-2　ローソク足の勢い

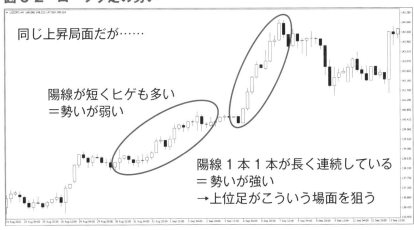

ただ、そんな中でも、ダウ理論やエリオット波動などの裁量が大きな
トレンド判断方法に共通して使える見極めポイントがあります。それが
「ローソク足の勢い」です。

　エリオット波動における長期足を見る際のポイントと同様に、ローソ
ク足の勢いを重視することで、トレンドの強さや方向性をより正確に把
握することができます。特に、勢いのある相場では下位足で比較的きれ
いな波形を描く傾向があります。そのため、不意の損切りや相場の不安
定さによるリスクを減らすことができ、また相場が伸びやすいのでリ
ワードのよいトレードが期待できます。

　反対に、勢いがない上位足や汚い波形の相場では、トレードが難しく
なります。トレンドの方向性が不明確であったり、価格が乱高下するこ
とがある相場では、損切りに引っかかったりリワードが損なわれる可能
性が高くなります。そのため、このような相場を避けることが重要です。

　勢いのあるトレンドを見極め、きれいな波形でのトレードを心がける
ことで、トレードの安定性を高め、勝率や利益率を改善させることがで
きます。

▶ ②水平線がサポレジラインとして機能している場面

　2つ目のポイントが、高値や安値の水平線がサポレジラインとして機
能している場面（図6-3）を狙うというものです。これも通貨強弱のト
レード方法で紹介したことと共通します。

　ここで問題なのは、そこまで引きつけて待つことが難しいという人が
多いという点です。ポイントまで待つほうが勝率は高いわけですが、サ
ポレジラインまで押し目や戻しをつけずに反転していくことは日常茶飯
事なので、仕方がないことだとは思います。

図6-3　サポレジラインでの反発①

サポレジラインが機能している場面を狙う
→これだけでも勝率は上がる

図6-4　サポレジラインでの反発②

一度はサポレジラインとして機能していた
＝意識はされているライン
→再び

　ただ、ここは多少勝率を犠牲にしてでもチャンスを狙いにいくのか、トレード回数は減らしてでも確実なチャンスを狙うのか、という価値判断やトレード戦略の問題です。自分の性格と相談したり、検証などを繰り返したりして選択していきましょう。

　ちなみに、さらなる勝率アップのポイントは、上位足の高値や安値がサポレジラインとして機能しているときです。やはり、上位足のサポレ

ジラインは強く機能することが多く、特に日足のサポレジラインなんかはどの時間足でトレードするにしても鉄板ポイントになってきます。また、個人的に好きなパターンとして、一度サポレジラインを少しだけ割ってから反転していくところを狙うというのがあります（図6-4）。サポレジラインが機能するといっても、必ずしもいつもピタリと止まるわけではなく、一度抜けてから反発することもよくあります。この場合、反発してラインを超えていく際には勢いよく抜けていくこともあり、逆指値を使った仕掛けをオプションとして持っておくのは有効です。

▶③押しや戻りの深さも意識する

3つ目のポイントは、押しや戻りの深さも意識することです。

押しや戻りとはトレンドの調整を意味しますが、この調整は浅すぎても深すぎてもその後のトレードの難易度を上げてしまいます。

エリオット波動の2波と4波の関係性でも解説しましたが、具体的には調整が38.2％未満だと浅すぎる、78.6％超だと深すぎると考えて、この範囲の調整でトレードするようにしてみてください。

相場の勢いやトレンドの性質によっては、浅い調整の場合のほうが狙いやすい場合もあります。特に、最初は38.2～50％程度の押し目や戻りを狙うことが有効です。

▶④反発をしっかり確認してからエントリーする

そして4つ目のポイントは、押し目や戻しにおける反発をしっかり確認してからエントリーすることです。

かつての私と同じように「押し目の底や戻りの天井を狙って、できるだけ利益を最大化させたい」と、考えている方もいるかもしれません。

しかし、勝率を上げつつ利益率とのバランスを取りたいのであれば、

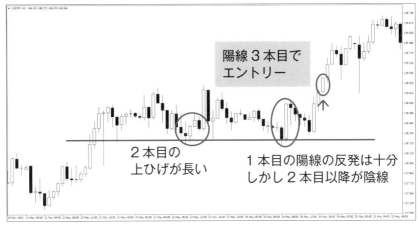

図 6-5　反発を確認してエントリー

エントリーのタイミングには特に注意が必要です。具体的には、押し目や戻しでしっかり反発したことを確認してからエントリーするといいでしょう。実体が明確であり、かつ連続して少なくとも２本のローソク足が確認できた場合にエントリーを検討してみてください。

　例えば上昇トレンド中の押し目であれば、押し目の底と思われるところから陽線が連続２本確定したら３本目でエントリーするという具合です。この際に陽線が短すぎたりヒゲが長かったりした場合はもう少し様子を見ます。要するにトレンドフォローという戦略でトレードするのであれば、上昇しているのを確認してその波に乗ることが重要です。これを最後のエントリー段階でも徹底していくことが大切です。その結果、勢いよく反発してエントリーのタイミングがないまま伸びていってしまうこともあります。私はそれをご縁のなかった相場だと割り切っています。もちろん、ここで紹介した考え方だけ応用してルール自体はアレンジしていただいて構いません。勝率、利益率、トレード回数などのバランスを探って納得できるトレードルールを作ってください。

Point

- 上位足と同じ方向にエントリーする
- サポレジラインでの反発を狙う
- 押しや戻りの深さは浅すぎても深すぎてもダメ
- 反発を確認してからエントリーする

48 / トレンドラインブレイク

トレンドラインブレイクは、トレンドフォロー戦略の中で重要なエントリーポイントです。しかし、正確なラインの引き方やエントリータイミングは難しく、初心者にとっては挑戦が難しいものでもあります。

▶ トレンドラインブレイクで勝率が高いポイント

　トレンドラインブレイクは、押し目買いや戻り売りと相性がいいエントリー手法の1つです。しかし、この手法は難易度が高く、初心者や経験の浅いトレーダーには推奨されない場合もあります。なぜならラインを引く角度や位置がわずかに異なるだけで、まったく異なるトレンドラインになってしまう可能性があり、再現性の点で課題があるからです。

図6-6　トレンドラインブレイク

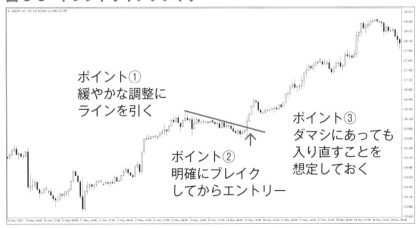

205

私自身も、過去にトレンドラインブレイク狙いのトレードを試みたものの、挫折した経験があります。その後、トレンドフォローにおける押し目買いや戻り売りを重視する過程で、トレンドラインブレイクで勝率が高いポイントを見出しました。ここでは3つのポイントを紹介します。

▶①ゆるやかな調整にラインを引く

　1つ目のポイントが、ゆるやかな調整にラインを引くことです。

　トレンド中の押し目や戻しにラインを引いていくわけですが、その際に本書で繰り返し述べている「ローソク足の勢い」というものに注目して引くようにしてみてください。

　具体的には、陽線と陰線が入り混じっていて、1本1本のローソク足もそれまでのトレンド方向のローソク足と比べると短めで、調整の角度自体もゆるやかな箇所にラインを引いていきます。このような調整を経るトレンドはその後も勢いよく伸びていきやすいため、勝率・利益率ともに高めやすくなります。

▶②トレンドラインを明確に
　ブレイクしてからエントリーする

　2つ目のポイントが、トレンドラインを明確にブレイクしてからエントリーすることです。

　トレンドラインは引く人によって角度も微妙に異なることもあってか、水平ラインよりダマシが多い傾向にあります。その誤差を考慮するという意味でも、明確にブレイクを確認できたかどうかはエントリー判断のポイントになってきます。

　ここは各自で調整すべき部分になりますが、私はローソク足の実体ベースで明確に抜けてきたことを確認して、2本目以降のローソク足でエントリーするようにしています。1本目のブレイクが微妙なら2本目、3本目の様子を見ることもあります。

押し目買いと戻り売りのポイントで解説した話と考え方自体は同じです。ただ相場の性質やそのわかりやすさからトレンドラインブレイクのほうが若干エントリーは早めになってきます。

▶③ダマシにあっても入り直すことを想定しておく

　②を踏まえての3つ目のポイントが、ダマシにあっても入り直すことを想定しておくことです。

　トレード自体にダマシはつき物であり、このトレンドラインブレイクはその性質上どんなに対策を講じてもやはりダマシは発生してしまいます。

　それなら発想を変えて、ダマシにあうことを最初から想定して、2〜3回入り直すことを前提にエントリーを仕掛けていけばいいのではないか、これが私が導き出した結論です。

　テクニックというより少しマインドセット的な話ですが、実際に環境認識の精度が上がってラインの引き方もうまくなってくると、最終的に思惑方向に伸びていくことのほうが圧倒的に多くなるはずです。

　1回で大きな利幅を狙うのではなく、小さく負けながらも最終的に大きく勝って利益を残す。これは損小利大やトータルで利益を残すという考え方とも整合的であり、バランスの取り方としても1つの落としどころだと感じています。トレンドラインブレイクで悩まれている方はぜひ参考にされてみてください。

Point

- ● ゆるやかな調整にトレンドラインを引くことが勝率向上の鍵
- ● ブレイクを確認してからエントリーし、ダマシに備える心構えを持つ

49 / トレーリングストップ

トレーリングストップは、トレンドフォロー戦略で利益を最大化し、損失を最小限に抑えるための手法です。相場の動きに応じて損切りライン（S/L）を動かすことで、「負けない」状態でのトレードが可能となります。

▶「負けない」状態でトレードができる

　トレーリングストップは、相場の動きに応じて損切りライン（S/L）を移動させるテクニックです。この方法は、トレンドが継続する限りはポジションを維持し、トレンドが崩れた場合にはポジションを自動的に決済するため、トレンドフォロートレードと相性がいいです。

　トレーリングストップのメリットは、何といっても利益を確保しながらさらに伸ばしていくことが可能なところにあります。

　損切りはエントリーの根拠が崩れるポイントである直近安値や高値に置くけれど、利益確定はリスクリワードや相場の節目で行なうという人もいると思います。ですが個人的にはトレンドフォローという戦略を採用しておきながらポジションを決済するという行為である損切りと利益確定で考え方を変えるのは、少し違和感があります。その点、トレーリングストップならトレンドが継続する限りポジションを持ち、トレンドが崩れたら自動的に決済されるので、トレンドフォローの考え方を貫徹しやすいという特長があります。そのうえ、利益を確保しながら伸ばすというのは精神衛生上もよく、「負けがない状態」でトレードするのは

想像以上にメンタルを楽にしてくます。

図6-7　トレーリングストップ

▶ トレンドの判断ができていないと機能しない

　ただし、トレーリングストップにも注意点があります。

　1つ目は、トレンドフォロー戦略を前提とするため、大前提のトレンド判断の精度が低いとトレーリングストップの効果が発揮されないということです。

　トレーリングストップでは、主要な高値や安値、つまり押し目や戻しにS/Lを移動させていくので、その判断の精度は一定レベルまで高めておく必要があります。本書で紹介している環境認識のテクニックも参考にして、トレーニングを積み重ねていってください。

　2つ目は、S/Lを移動させるタイミングが難しいという点です。これが早すぎると利益を伸ばす前にポジションを切られてしまいます。そうならないためには、基本的に押し目や戻りをつけて反発したのを確認してS/Lは移動させるようにしてください。「すでにポジションを持っているけど、その後の押し目や戻りでエントリーするとしたらどこでエン

トリーするか？」と考えたらわかりやすいかもしれません。そのエントリーするタイミングで、エントリーするなら損切りを置く場所にS/Lを移動させればいいだけです。

また私の場合、押し目や戻りをつけなくても、ある程度の含み益になった時点でS/Lを建値に移動させることで、負けをなくしています。これもタイミングが早いとすぐに切られる原因になってしまうので、自分の中で明確なルールを設ける必要があります。

私のルールは、含み益がリスクリワードにして1：1になったら建値にS/Lを移動させるというものです。リスクリワード1：1を基準にしている理由は、私は1：1以上の勝ちのみを「勝ち」とカウントしており、一度勝ちの含み益になったものを負けて損失で終わらせるのは心理的にも自分の価値判断的にもあり得ないと考えているからです。この価値判断には私が「勝ち」「負け」以外に「引き分け」の概念を取り入れていることも関係しています。

詳しくは次章のマインドセットで解説しますが、ここではS/Lを移動させるにあたって、考え方の部分を参考にしていただければと思います。

Point

● トレーリングストップはトレンドフォロー戦略と相性が良く、利益を確保しつつ伸ばすことができる

● トレンドの判断が必要であり、S/Lの移動タイミングを見極めることが重要

CHAPTER 6

50 / ピラミッディング

ピラミッディングは、ポジションを増やしながら利益を最大化するテクニックです。トレンドフォローと相性がよく、トレーリングストップのように押し目や戻りにポジションを追加していきます。

▶ 利益を最大化できる

　ピラミッディングは、ポジション保有中にさらに積み増しながら利益の最大化を狙っていくテクニックです。トレンドフォローと相性がよく、トレーリングストップのように押し目や戻りをつけた際に追加のポジションを入れていきます。

図6-8　ピラミッディング

細かいやり方はいろいろありますが、基本的な手順としては次の形です。

①最初にエントリーとS/L（損切りライン）を設定する
②トレンドが伸びて押し目や戻りをつけたらS/Lを移動（トレーリングストップ）
③ロットを落としてポジションを積み増す（追加エントリー）
④以後②と③を繰り返す

　ピラミッディングのメリットは、トレンドが進行するにつれてポジションを積み増すことで利益を最大化できる点にあります。これにより、トレンドが確実に進んでいるかを試し打ちすることもできます。
　しかし、ポジションを増やすためには慎重な資金管理が必要であり、それまでの含み益を失ってしまう可能性もあるため、難易度は高いといえます。そのため、無理して取り入れる必要はなく、わかりやすい相場でのみ検討することが重要です。

▶ 注意点

　ピラミッディングを行なう際には、以下の2つの注意点を守る必要があります。
　まず、ポジションを増やす前に必ず含み益を確保するためにストップロスを移動させることです。次に、追加のポジションが損失を被った場合でも、それが含み益に収まる範囲内にロットサイズを調整することです。その際どのくらいのリスクを取るかは各自の考えによりますが、証拠金などの関係もあって多くの場合は徐々にロットサイズは小さくしていくのが無難だと思います

　ポジションを増やすタイミングは、通常の押し目買いや戻り売りのエントリータイミングと同じで問題ありません。また、ストップロスを移

動させるタイミングは、トレーリングストップと同様に考えます。

　利益確定については、通常通りトレンドが崩れたポイントですべての
ポジションを決済する方法が基本です。ポジションごとに分割決済を行
なう場合は、その有効性を検証したうえで行なうことが重要です。

　ピラミッディングはリスクを抑えながら利益の最大化を狙うテクニッ
クです。あくまでもオプションの1つとして、慎重に取り入れる必要が
あります。

Point

- ポジションを増やす際には慎重な資金管理が必要であり、わかり
  やすい相場でのみ検討することが重要
- ピラミッディングを行なう際には、ストップロスを移動させて含
  み益を確保し、ポジションを増やす
- 利益確定は通常通りトレンドの崩れるポイントで行なうが、ポジ
  ションごとに分割決済を行なう場合は検証が必要

CHAPTER 6
51 / ダイバージェンス

ダイバージェンスは、トレンド転換のサインとして知られるテクニカル分析手法であり、ローソク足とオシレーター系の逆行を指します。

▶ローソク足とオシレーターの逆行

　トレンド転換のサインとしてぜひ活用していただきたいのが、オシレーター系のインジケーターを使ったダイバージェンスというテクニカル分析です。

　ダイバージェンスとは逆行現象を意味し、具体的にはローソク足の波形とオシレーター系の波形が逆行することをいいます。例えば、ローソク足の安値は切り下げているのに、オシレーター系の安値は切り上げて

図6-9　ダイバージェンス

ローソク足の安値は
切り下がっているのに対し
MACD の安値は切り上がっている
→ダイバージェンス

いる、この状態をダイバージェンスといいます。

このダイバージェンスが発生すると、トレンド転換のサインといわれているので、その後のローソク足の高値の更新はトレンド転換である可能性がより高まります。

▶「転換」ではなく「一旦崩れる」と考える

ただし、個人的にはトレンド「転換」というよりトレンドが「一旦崩れる」という認識のほうが正しいと感じており、それに合わせて活用法も考えています。

具体的にいうと、エントリー前にダイバージェンスが発生したらエントリーはちょっと様子を見よう、ポジション保有中に発生したらそろそろ利益確定の準備をしておこう（S/Lを少しタイトに移動させておこう）などと考える材料にしています。

つまり、トレードを避ける材料にしているイメージです。逆に言うと、トレンド転換のサインといわれているからといって逆張り的に活用することはあまりおすすめしていません。

使用するオシレーター系のインジケーターは何でもいいと思いますが、一般的にはMACDやRSIなどが多いようです。私は強弱判断の際にはMACD、エリオット波動分析の際にはRSIと一応の使い分けをしていますが、このあたりは各自の好みで決めてもらって問題ありません。

Point

- ●ローソク足とオシレーター系の逆行であるダイバージェンスは、トレンドの転換を示唆する
- ●ダイバージェンスの活用法は、トレンド転換ではなくトレンドの一時的な崩れと捉えることが重要
- ●エントリーの際は様子を見る材料とし、ポジション保有中には利益確定の準備をするなど、トレードを避ける材料として活用される

52 / 指値トレード

指値トレードは、エントリー時に逆指値を使い、利益確定時に指値を活用する方法です。忙しいトレーダーやルールを守れない人に最適で、トレンドフォロー戦略との相性も抜群です。

▶ エントリーは逆指値、利益確定は指値

　忙しい方やなかなかルールを守れないという方にぜひ活用してもらいたいのが「指値」注文でのトレードです。

　損切りの指値としてS/Lを使っている人は多いと思いますが（損切りに関しては絶対に指値を使ってください）、エントリーや利益確定についても指値をうまく活用することで、チャートを見る時間がなかなかない、逆にチャートを見すぎてしまうといった悩みを解決できるかもしれません。

　ここでは、エントリーには逆指値、利益確定には指値を活用することをおすすめします。

● 指値注文
　価格が下落し指定した値段以下になれば買い、価格が上昇し指定した値段以上になれば売りとする注文方法＝安くなって買う、高くなって売る

● 逆指値注文
　価格が上昇し指定した値段以上になれば買い、価格が下落し指定し

た値段以下になれば売りとする注文方法＝高くなって買う、安くなって売る

▶ エントリーで逆指値を使う理由

エントリーで逆指値を使うのは、本書で推奨するトレンドフォロー戦略と相性がいいからです。トレンドフォローでは上がっているから買う、下がっているから売るというトレードをしていくので、例えば上昇トレンド中の押し目を狙う場合、その反発を確認してからエントリーすることを推奨しています。

直近高値に逆指値注文を入れておくことで、押し目からの反発＝高値のブレイクと同時にエントリーをすることができます。この方法であれば、高値をつけてからの押し目、安値をつけてからの戻りと時間的な猶予があるので、忙しくてチャートを見られない方でも指値注文でチャンスを逃すことなくトレードすることが可能になってくると思います。

▶ トレードに縛られない生活が実現

「反発するまで待てない」という人は、指値を入れたらパソコンやスマホを閉じて、別の作業をすることをおすすめします。トレードには自身の性格が色濃く出てきます。「待てない」というタイプの人に「がんばって待ちましょう」というのは酷な話なので、別のアプローチを採用するほうが効果的です。

利益確定は、上位足の高値安値や、後ほど紹介するフィボナッチなど、「相場の節目となる価格を超えたら利益確定」という指値注文を使うことをおすすめします。こうすると、チャートから離れている間でも利益を確定し損ねることが減ります。

また、実際に利確の指値を入れずとも、相場の抵抗帯となるような節目を見る目を養うためにも利確の指値を検討することは有益です。

このように、指値をうまく使うことで、チャンスを確実にものにできるだけでなく、トレードに縛られない生活を実現することも可能になってきます。

　もちろん、エントリーにしても利確にしても、成行での注文に比べるとその精度は若干落ちるかもしれません。ですが、本書で紹介している私の考えでもありますが、環境認識さえしっかりできていれば、どこでエントリーや決済をするかは多少アバウトでも問題ありません。ただ指値を使うというよりは、適切な環境認識のもとでうまく指値も活用していく、このような意識でいろいろと試してみることをおすすめします。

Point

- トレンドフォロー戦略に適しており、忙しいトレーダーでもチャンスを逃さずトレードが可能
- トレードに縛られない生活を実現する手段の１つとなる

53 ファンダメンタルズの考え方

ファンダメンタルズ分析に対するアプローチは多岐にわたります。FX
トレーダーの一部はチャートのテクニカル分析だけに頼っていますが、
経済指標やイベントはトレードの補助材料として活用していきましょう。

▶ ファンダメンタルズの捉え方は多種多様

　FXでは、私はチャートに表れているテクニカルしか見ていませんし、
それで問題ないと思っています。これは、株式投資などを通じてファンダメンタルズも10年以上見続けてきた私なりの結論です。

　ダウ理論もすべての事象はチャートに織り込まれるという考えですし、
上昇トレンド中だから買う、下落トレンド中だから売るというトレンドフォロー戦略を採用する以上、チャートさえ見ていれば十分だからです。

　そもそもファンダメンタルズの情報は多種多様で、同じ1つの情報でもそれをどう解釈するかは、アナリストなどの専門家でも意見が分かれることが多々あります。

　仮に正しい解釈ができるとしても、その情報が私たち一般人に降りてきた段階ではすでにチャートは大きく動いてしまっていることがほとんどです。それならば、「やはりチャートだけ見ていればいいんじゃないのか？」という考えに至る人も多くいるようです。

　このように、ファンダメンタルズ分析はその難易度自体が高く、トレードに反映させることに対しても疑問があることから、私は積極的にトレードをする材料にはしていません。

▶ トレードの補助材料として

　ただし、トレードを避けるための補助材料としては見ています。具体的には、経済指標発表時や要人発言、選挙などのイベント時にはエントリーを見送ったり、早めの手仕舞いを検討したりします。海外のクリスマス休暇などもファンダメンタルズといえるかもしれません。

　このようなときは相場が不安定になり、テクニカルが作用しづらくなります。スプレッドも広がるため、トレードをする環境としては避けるのが無難です。

　私は過去に、海外の選挙がらみのトレードで1日に2000pips以上負けるという経験をしたことがあり、そのときに「二度とイベント時にトレードはしない」と誓いました。ファンダメンタルズが関係するときは相場が大きく動くので魅力的に見えますが、テクニカルが効く平常時だけでも十分な利益を上げることはできます。

　また、無闇に判断材料を増やして迷いを生まないためにも、本書ではファンダメンタルズ分析を積極的に行なったうえでのトレードは控えることをおすすめしています。それよりもテクニカル分析を極めていきましょう。

Point

● ファンダメンタルズ分析は複雑なので、経済指標やイベント時にはトレードを控えるなど、補助的な材料として利用しよう

CHAPTER 6

54 / 攻めの損切り

攻めの損切りは、トレンドフォロー戦略を採用するトレーダーにとって重要な戦術です。含み損が出た時点でポジションを決済し、初期の損失を最小限に抑えることが重要です。

▶ エントリー後に含み損が出るのは思惑と違うトレード

　トレンドフォロー戦略を採用する以上、トレンドが崩れたらポジションを保有する理由がなくなるので決済をすることが重要です。利益確定については考えが分かれるかもしれませんが、少なくとも損切りについてはこの考えを採用すべきだと思っています。

　具体的には、押し目買いなら直近安値、戻り売りなら直近高値に損切りを置き、そこを超えたら問答無用でポジションを切る。これが基本になりますが、あくまでこれは資金を守るための最後の砦。

　そもそも私たちはこれから上がると思うから買う、下がると思うから売るわけです。であれば、エントリー後に含み損になる場合、その時点で当初の思惑と違っているので、ここでもポジションを決済する理由が生まれています。

　このような早い段階での損切り、いわば「攻めの損切り」も損小利大を実現していくために検討してもいいのではないでしょうか。

　例えば、エントリー後に損切りラインとの間で小さなトレンドが発生した場合などは、その安値や高値更新で切ってしまうのはトレンドフォローの考え方とも整合的だといえます。

もちろん、最初の損切り設定の時点で資金管理もしているので、これを採用しなくてもまったく問題はありません。順調に利益が上げられるようになったときの追加の一手くらいに考えてみてください。

図6-10　攻めの損切り

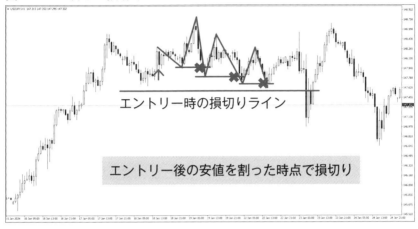

Point

- トレンドフォロー戦略では、トレンドが崩れたら早めに損切りをすることが重要
- エントリー後に含み損が出た場合は、初期の思惑と異なる可能性が高く、早めの損切りが損小利大の鍵となる

55 / フィボナッチを使った 利益確定方法

フィボナッチを利用した利益確定方法は、エリオット波動と組み合わせることで効果的な戦術となります。61.8％と161.8％のレベルを利確目標とし、トレーリングストップと組み合わせることで利益を最大化していきましょう。

▶ エリオット波動＋フィボナッチで利益確定

　利益確定については、本書では基本的にS/Lを移動させるトレーリングストップを推奨しています。ですが、せっかくエリオット波動を学んだのであれば、フィボナッチを使って利確目標を決めるのも有効な方法です。

　詳しくはエリオット波動の章をもう一度ご覧いただきたいのですが、ここでは61.8％と161.8％という2つの数値を利確の目標としておすすめします。

　この2つの数値の使い分けを簡単に説明すると、「控えめに見積もるなら61.8％」、「間違いなく3波という自信があり、通貨の強弱感も悪くないと思うなら161.8％」といった見方をしてみてください。

　この数値は推進波という環境認識が正しければ到達しやすい数値であり、仮に調整波であったとしても到達する可能性のある数値になります。

　ここに利益確定の指値を入れるなどして、損切りラインであるS/Lで含み益を確保しながら挟み撃ちしていくように利益確定をしても面白いかもしれません。つまり、トレールしたS/Lか利確の指値のどちらかに

引っかかったら終わりということです。

　明らかに勢いのある相場では、トレーリングストップでS/Lを移動させつつ利確の指値も利益を伸ばす方向に移動させると、利益を最大化させるオプションとして有効です（S/Lは価格を追いかけつつ、利確の指値は価格から逃げるイメージ）。
　利益確定には答えがありません。ぜひいろいろと試してみてください。

Point

- 61.8％と161.8％のレベルを利確目標とし、トレーリングストップと併用することで利益を最大化する
- エリオット波動の理論を用いて、フィボナッチを利用した利益確定法が効果的

56 相場が大きく動いたときの正しい振る舞い

大きく動く相場ではトレードを控えるべきです。しかし、エリオット波動を用いれば、大きな動きを活かしたチャンスがあります。下位時間足で波動のカウントを探り、調整後の展開を狙いましょう。

▶大きく動いた直後はトレードしない

　ファンダメンタルズの影響で、相場が一気に大きく動くときがあります。こうした大きく動く相場を利益にできたらどんなにいいことか……。そう思ったことは誰しもあるはずです。また、大きく動いている相場に飛び乗ってしまい、痛い経験がある人も多いかと思います。

図6-11　大きく動いたあとの狙い方①（日足）

日足レベルで大きく動いた
→それ以下の足で
　どこかに３波があるはず

図6-12　大きく動いたあとの狙い方②（1時間足に落として見る）

　こうした大きく動く相場を狙った結果、うまくいった場合と損失で終わった場合、どちらが多かったでしょうか？　少なくとも私は損失で終わったケースが圧倒的に多く、後悔ばかりしていました。

　これらの経験から、そんな相場ではトレードしない、これが自分の中での絶対的なルールになっていますし、トレードするとしても相場が落ち着いてからするのが無難です。

　ただ、エリオット波動を学んで、このような場合の振る舞い方が少しだけ変わりました。それは、大きく動いた相場は、どこかの時間足において推進の3波である可能性が非常に高いということです。つまり、大きく相場が動いたあとには、そこを起点に4波の調整を待って確実に5波を狙い撃ちするチャンスがあるのです。

▶下位足でエリオット波動のカウントを探してみる

　例えば、日足レベルで大きく相場が動いた場合、それより下位の時間足で1波〜3波とカウントできそうな相場を探します。この際、きれいに3波動を確認できることもあれば、1波から3波まで一気に動くランニングコレクションと解釈せざるをえない場合もあるので、ある程度大

雑把なカウントになっても問題ありません。

　トレンド方向への勢いが強い状態で、一旦4波の調整を待って再び動き出す5波を狙うという戦略を取るので、多少大雑把なカウントでも5波は取りやすいですし、仮にカウントミスがあればそもそもエントリーチャンスが来る可能性が低く損失を回避することはできます。

　このようにして3波、4波と確認できれば、あとはエリオット波動の章で紹介したように、さらに時間足を落として3波の初動からエントリーすることで、上位足の5波を取りにいくことができます。

　テクニカルを無視して大きく動いたように見える相場でも、エリオット波動をもとに分析をすることで、むしろチャンス相場になることもあるのです。エリオット波動トレードに慣れてきたら、このような相場もぜひ狙ってみてください。

Point

- エリオット波動を活用することで、大きな動きを利用したトレードチャンスが生まれる
- 下位足で波動のカウントを行ない、調整後の展開を狙うことで、有効なトレードが可能になる

トレードの礎となる「マインドセット」

57 / トレードは1つのビジネス

FXトレードを単なる投資ではなく、事業やビジネスとして考えるべきです。トレードを真剣に取り組むなら、リサーチやスキルアップ、シミュレーションを通じて準備を整え、スモールスタートからステップアップしていくことが重要です。

▶FXを「事業」や「ビジネス」として取り組むなら？

　FXトレードはいわゆる「投資」の1つです。ですが、企業の将来性などに投資する株式投資を始めとするような資産形成としての投資とは、その趣も大きく異なってきます。

　資産形成としての投資がお金に働いてもらう、文字通り「不労所得」なのに対して、FXはトレードという行為が伴う「労働収入」である。私はこの考え方が正確だと考えています。さらに、その「労働」は会社員のような労働ではなく、独立開業するような労働だと捉えています。つまり、トレードを1つのビジネスだと考えているわけです。

「トレードを仕事のつもりで真剣に取り組みましょう」というマインドの話のような意味合いもありますが、もっと実践的な話として、「トレードを『事業』や『ビジネス』として取り組むなら何をするか？」、この視点で考えてみましょう。

　例えば、あなたがラーメン屋を開こうとしたら、どうしますか？　料理の味はもちろん大事ですが、新規出店の場合、どこに店を出すかはとても重要な要素です。その際、どのお客さんをターゲットとするか、近

所に同じラーメン屋がどれくらいあるか、競合となりそうな飲食店がないか、などを入念に調査すると思います。

また、ラーメンそのものが美味しくないと話にならないので、さらなる修業や商品開発も必要かもしれません。さらに、家賃や材料費、人件費などの支出と売上による収入を何通りもシミュレーションして、ちゃんとやっていけるのかを考えることでしょう。いざオープンという段階に至っても、いきなり多店舗出店などせず、まずは小さく始める人がほとんどだと思います。

こうした独立開業するなら考えるであろう当たり前のことを、トレードにも置き換えてやっていきましょう。

▶ 真摯にFXに取り組もう

まずはトレードとはどういうものかを真の意味で知る。そして、トレードで利益を上げていくために必要なことは何か？　それはどうやって準備するのかも徹底的に調べる。やり方がわかったらあとはデモトレードで技術を磨きつつ検証をして、自分のトレードを数字で見ていく。リアルトレードを始める際にもいきなり大金をかけるのではなく、少額から少しずつロットを大きくしていく。

このような入念なリサーチ、スキルアップ、シミュレーション、スモールスタートなどは、トレードであっても普通のビジネスと同じです。ここを疎かにすると必ず痛い目を見ます。

そもそも学習や検証の必要性にも気づかず、何となくトレードをして、「FX＝稼げない」と判断して去っていく人をこれまで何人も見てきました。

私は、この点に気づいて真摯にFXに取り組み始めた人たちは、遅かれ早かれ利益を上げられるようになっていくと確信しています。

トレードは立派な仕事です。それに相応しい振る舞いをしていきましょう。

58 / 「逸失利益」などという 言葉は存在しない

「逸失利益」とは何か？　実際に存在する概念なのか。トレードチャンスにこだわる必要性について考察します

▶ トレードチャンスにこだわらない

　私はお金に困ってFXを始めたということもあり、「トレードチャンスを逃すまい」と異常な執着をしていた時期がありました。

「エントリーチャンスは1つ残らずトレードしたい」「せっかくのチャンスを逃してしまうなんてもったいない」、忙しい日々をすごす中で、このような逸失利益について気にされている方も多いかと思います。

　私の中には、このことに対して明確な答えがあります。それは、「逸失利益」という言葉は存在しないということ。「何を言ってるんだ？」と思われるかもしれませんが、その逃したチャンス「らしきもの」の中には思惑通りに伸びたときもあれば、そうでなかったときもあったはずです。

　確かに利益にできるチャンスを逃したこともあるものの、同じくらい損失を避けられたこともあったのではないか、ということです。

　言葉の便宜上、エントリー「チャンス」という言い方をしますが、それが本当の意味でチャンスかどうかなんて、その時点では誰にもわかりません。そのチャンスを逃したところで「利益」を「逸失」するかはわからず、逆に「損失」を「回避」できる可能性もあります。

どんなに優秀な手法であったとしても、勝つこともあれば負けることもある。それが相場の世界です。「チャンスを逃した」と考えるのではなく、「自分の大切なお金を相場のリスクに晒さずに済んだ」「減るリスクがゼロになったからラッキー」、このくらいに考えてトレードチャンスにこだわらない姿勢を持つことが大事だと私は思います。

　この心の余裕がフラットな目線で相場を見ることにつながり、本当のチャンスを見逃すことなく狙い撃ちすることができるのです。

　少し逆説的な話になりましたが、「逸失利益」という概念は一度忘れて、おかしなバイアスをかけずに相場を見るようにしてみてください。無駄な負けが減るだけで、あなたのトレード成績が劇的に改善する可能性があります。

Point

- 「逸失利益」は存在しない。トレードチャンスを逃したことで得られた「損失の回避」もあることに気づくことが大切

CHAPTER 7

59 / 手法や通貨ペアを 増やすのは悪手

「手法や通貨ペアを増やすのは悪手」となります。トレードで成功するためには、何か1つに焦点を合わせて取り組むことが重要です。

▶ 何か1つに絞って武器を磨き上げよう

　私のトレードはダウ理論をベースにしつつ、通貨強弱やエリオット波動で相場分析を行なうもので、通貨ペアも全部で28個取り扱っています。これだけ聞くとずいぶん手広くやっているなと思われるかもしれませんが、私も最初はダウ理論だけをひたすら研究したり、通貨ペアもドル円1つでやっていた時期がありました。

　そこから1つずつ検証を通じてトレードテクニックを自分のものにしながら、今に至っています。

　もっといえば、結局やっていることはトレンドフォローにおける押し目買いと戻り売りです。通貨ペアも常に複数監視しているわけではなく、狙いを1～2つの通貨ペアに絞ってやっているので、まったく手広くやっている感はありません。

　そもそも相場の世界では、継続的に勝っているトレーダーは少数です。本来1つの武器を作り上げることすら難しい作業なはず。それにもかかわらず、まだ勝てていないうちから手法や通貨ペアを増やすのは明らかに悪手です。

　それよりも、何か1つに絞って武器を磨き上げる、その道のスペシャリストになるという気持ちで取り組んだほうが、結果的に勝ちトレー

ダーへの階段を早く登っていくことができると思っています。

　手法や通貨ペアを絞ることに物足りなさを感じる方もいるかもしれません。が、トレードはpips×ロットの世界です。1つを極めてpipsを最大化させたり、ロットを張れるようになったりしてくると、満足できる金額を稼ぐことは十分に可能です。

▶いつの間にか他の武器も手に入る

　また、1つの武器を磨くことに特化していくことで、そこから派生した別の武器が生まれることがあります。例えば本書で紹介するエリオット波動の5波狙いトレードですが、これを突き詰めていくと一番伸びやすいとされる3波の狙い方も自然と理解できるときがくるはずです。通貨ペアも、似たような特徴や動き方をするものはいくらでもあります。

　このように、1つの武器を磨き上げた結果、いつの間にか他の武器も手に入れることができたときにはそれを使うのもいいですし、変わらず1つの武器で戦い続けるのもOKです。あなたの自由にトレードを楽しんでください。

　そのためにもまずは1つの武器を作り上げることが大切ですが、その過程で自分に合うものを物色したり、検証母数を増やすために複数の通貨ペアを触ったりすることは問題ありません。目移りしすぎないようにだけ注意しましょう。

　ただ繰り返しになりますが、プロアマ入り交じる相場の世界で私たちのような一般人が生き残るにはあくまで一点突破が大原則、このことは心に留めておいてください。

Point

- トレードで勝つためには、1 つの武器を磨き上げるべき
- 多くの手法や通貨ペアに焦点を分散させるのではなく、専門性を持って取り組むことが勝利への近道
- 1 つの武器を磨くことで、他の武器も手に入ることがある

60 / 生涯トレード回数は 少ないほうがいい

「生涯トレード回数は少ないほうがいい」というのが私の持論です。少ない回数でトレードすることによるメリットについてお伝えします。

▶3つのメリット

「トレードはやればやるほど稼げる」
「トレード回数は多いほうがいいに決まっている」

　過去の私はこのように考えており、今もこの考え方自体は決して間違ってはいないと思っています。

　ただ、ここで前提になってくるのが、「勝てるトレードルールを淡々と運用できている」ということです。この前提がない、もしくは崩れた状態でトレード回数を重ねていっても、利益は増えるどころか損失が拡大していきます。

　トレード回数を少なくする、絞る方向で自分のトレードスタイルを構築していくほうがメリットが大きく、結果的に利益の伸び方やスピードを最大化させることができるのではないか、現在ではこのように考えています。

　では、この考え方のメリットについて3つ紹介します。

▶①トレードの勝率や利益率が上がりやすくなる

1つ目は、トレード回数を絞るということはトレードルールを厳しくする、言い換えれば分析のフィルターを濃くしたり多くしたりすることにつながるので、端的にトレードの勝率や利益率が上がりやすくなります。

例えば私の場合だと、トレンドフォローにおける押し目買いと戻り売りというトレード手法の精度をさらに高めるために、エリオット波動や通貨強弱というフィルターを追加しているイメージです。

さらにそのフィルターをかける中で自分の得意とするパターンと違ったり、何か違和感を感じたりした場合にはトレードを避けるようにしています。

つまり、トレードする理由を探すのではなく、**「トレードしない理由」を探して見つからなければ仕方なくトレードをする**、そんな考えの下で日々トレードをしています。

▶②集中力が高まりやすくなる

2つ目は、1回のトレードにおける集中力が高まりやすくなり、それがトレードの精度向上につながるということです。

例えば、1日に何回でもトレードしていいという状況と、1日に1回しかトレードしてはいけないという縛りがある状態、どちらが慎重にエントリーポイントの見極めをすると思いますか？　答えは明白でしょう。同じ作業が続くと集中力が失われます。トレードでも同じで、トレード回数が多いと惰性でやってしまい、せっかくの優位性も発揮できなくなる可能性が高まってしまうのではないか、膨大な検証やリアルトレードにおける経験で、私自身はこう考えるようになりました。

トレード回数は少なくてもいい。その代わり、チャンスをギリギリまで引きつけて、狙いすました渾身のワンショットを撃つ、私がトレードにおいて常に心がけていることです。

また、どんなに集中力を高めても人間はミスをする生き物です。その施行回数が多ければ多いほどミスをする可能性も高まります。自らのミスではなく、相場のリスクに巻き込まれる可能性だってあるわけです。

　それならば、やはりトレード回数を絞ってそのあたりのリスクとのバランス、妥協点を探っていくほうが現実的だと感じます。

　ただし、このトレード回数とは各スタイルに合わせた相対的なものと考えてください。例えばスキャルピングなら1日数回、デイトレードなら1週間に数回、スイングなら1か月に数回、このようなイメージです。

▶ ③メンタルが安定する

　3つ目のメリットは、メンタルの安定です。

　例えば同じ勝率60%のトレードでも、1か月の間に100回トレードすれば60勝40敗、10回であれば6勝4敗と割合的な価値は同じです。

　しかし、前者であれば60勝する代わり「40敗」します。後者であればたったの「4敗」、メンタルへのダメージは明らかに前者のほうが大きいです。少し極端な例かもしれませんが、これくらい負けの「数」を意識してもらいたいということです。

　これは心理学的な側面からもいわれていることで、**人間は利益よりも損失を感情的に重く捉えてしまう**という性質があります。トレード回数が多いとそれだけ負ける回数も多くなってしまう。理屈のうえではそれ以上に勝っていれば問題ないわけですが、感情がある人間にとってはそう単純な話ではないわけです。

「トレード回数は多いほうがいいに決まっている」、このような価値観を持っていた方は、この機会にぜひご自身の考え方を見つめ直す機会にしていただければと思います。

Point

- トレード回数を絞ることで、トレードルールを厳格にし、トレードの精度を高めることができる
- トレードする理由を探すのではなく、「トレードしない理由」を探すことが重要

61 / トレードルール作成のコツ

トレードを成功させるためには、自分自身のトレードルールを作成する
ことが大切です。他人のルールをコピーしてもいいのですが、自分の性
格や生活スタイルに合わせて調整する必要があります。ここでは、ト
レードルールを作成する際のポイントについて紹介します。

▶ トレードルールは自分で作る

　トレードは必ずルールを作って臨む。ここまで本書を読み進めてくだ
さった方であれば、この重要性についてはご理解いただけると思います。
　問題なのは、どんなトレードルールを作成するかです。ここで他人の
トレードルールをコピーするという方法が考えられますが、あまりおす
すめはしません。当然ですが、自分と他人では性格や生活スタイル、資
金量が違って、同じルールであっても運用結果は異なってしまうことが
ほとんどです。ルールに裁量が入っていればなおさらです。
　もちろん、学習の初期段階や自分のルールを作る叩き台のために他人
のルールを真似してみるのはとても有効な方法だと思います。ですが、
あくまでトレードルールは自分で作ることが肝要です。コピーをするに
しても自分仕様に多少のアレンジは必要です。この意識を持つようにし
てください。
　そのうえで、トレードルールを作る際のポイントを2つ紹介します。

▶ ポイント①どんな波を、どのような形で取りたいか

まず1つ目が、トレードのコンセプトを明確にすることです。言い換えると、「どんな波を、どのような形で取りたいか」をまず決めるということです。

例えば私であれば、次のようなコンセプトを立てます。

- エリオット波動の推進5波を取りたい
- そのためには時間足を落として、3波の初動でエントリーして、5波終了で決済するトレンドフォロー戦略を採用する

このような形でまずはコンセプトを決め、次は具体的にどうしていくかといった細かいポイントを深掘りしていきます。

過去の私もそうでしたが、最初はどうしても近視眼的に相場を見てしまうことで、細かいテクニック的なところから考えてしまいがちです。そうなると、自分の中に軸がないためトレードがブレたり、うまくいかないと「他にいい手法はないか」と聖杯探しを始めがちになります。

まずは大枠である戦略、コンセプトの部分を明確にするように意識してください。

▶ ポイント②継続できるかどうか

2つ目のポイントが、継続できるかどうかを最優先にすることです。

自分自身の性格や生活スタイルを考慮して、無理なく続けられるかどうか、これを何よりも優先させてトレードスタイルやルールを決めるようにしてください。

大事なポイントなのでもっと端的な言い方をします。**「勝てるかどうか」より「継続できるか」を優先してください。** いくら勝てる手法であったとしても、それを継続的に運用できなければまったく意味がありません。今は勝てなくても、継続できるスタイルで始めれば、その継続

の過程で修正が可能になります。ですから、私は継続できるかどうかを優先すべきだと考えています。

「鶏が先か、卵が先か？」に似たような話で、人それぞれの捉え方による部分も大きい話だと思いますが、多くの人を見てきて感じた私なりの結論です。

　最初から勝てるかどうかを優先している人は、いつまで経っても勝てないか、いつの間にかいなくなっているのに対して、継続できるスタイルで始めた人は遅かれ早かれ勝てるようになっている人が多いです。

　また、いくらお金を稼がなくてはいけないとはいえ、大切な家族との関係性や自分の健康を損なってまでFXをするべきではありません。家族との時間や自分の健康を大切にしながらお金を稼ぐ手段を模索する、その1つの方法がFXというだけです。

　無理を続けていくと、精神面、肉体面のどこかに歪みが生じてしまい、必ずいつか破綻します。それはトレードそのものかもしれないし、人間関係やあなたの健康かもしれません。そうなる前にこのポイントを今一度考えてみてください。

Point

- トレードルールを作成する際には、まずトレードのコンセプトを明確にすることが重要。自分の取りたい波や形を決め、そのうえで細かいポイントを深堀りしていく
- 勝てるかどうかよりも、自分の性格や生活スタイルに合ったルールを作成し、継続的に運用できるかどうかを重視する

CHAPTER 7

62

「検証」さえすれば
勝てるようになる

トレードで成功するためには、学習だけでなく、検証も欠かせません。
実際の相場での経験を積み重ね、トレードルールを確立することが重要
です。この検証作業を通じて、自信を持ってトレードに臨むことができ
ます。

▶「アウトプット」にどれだけエネルギーを注げるか

　繰り返しますが、トレードで利益を上げられるようになるために「学
習」は必須です。学習と聞くと、本を読んだり動画を見たりする「イン
プット」がメインと考えている人が多いかと思います。もちろん、イン
プットは大切ですが、それだけでは足りません。学んだ知識を実際の相
場でどう使うのか、使いこなすのかという「アウトプット」にどれだけ
エネルギーを注げるかで結果は変わってきます。

　ここでのアウトプットは、リアルトレードを意味するのではなく、統
計的な数字を集めることを目的とした検証作業のことを指します。誤解
を恐れずにいえば、FXは検証さえすれば勝てるようになります。逆に
いえば、**検証をせずに勝っている人を私は見たことがありません。**
　FXはどうしてもお手軽に稼げるみたいなイメージが先行しがちで、
まともなインプット学習すらしない人が大半です。ましてや地味で面倒
な検証作業となると継続的にできる人はさらに少なくなります。だから
こそ、そこで差がつくのです。

私自身もインプット学習ばかりしていた頃は、相場をわかった気になりつつ、なぜか一向に勝てないという日々が続きました。私が勝てるようになったのは、検証をしてからです。

　検証を通じて自分のトレードがどういうものなのかを数字で明確に認識できるようになり、実際のトレードも自信を持って取り組むことができるようになりました。

　この「先に結果が出ることがわかっている」という感覚がとても重要です。よく「トレードルールを守れません」という悩みを聞きますが、原因の根本にあるのは検証不足です。

　想像してみてください。十分な検証を経たうえでのトレードとは、勝率、利益率、平均連勝数・連敗数、最大連勝数・連敗数、最大損失額などがあらかじめわかっていて、「トータルで利益が出る」ことを客観的な数字で認識できている状態で臨むトレードです。ちょっとやそっとの負けで動揺することもなければ、少し連勝が続いたくらいで調子に乗ってしまうこともないと思いませんか？

　検証は勝てるルールを作り上げるために必要な作業ですし、そのためにいろいろと試行錯誤する作業です。ですが、**真の目的は自分のトレードに対して絶対的な自信を持つこと。**そのために検証はしていくものだと個人的には思っています。

▶「聖杯探し」に走らないために

　この考え方は、noteや情報商材などで販売されている手法についてもいえることです。いくらその手法の販売者が高い勝率や利益率を謳っていて、それがウソでなかったとしても、それはその販売者が運用した場合の数字です。あなたは販売者ではありませんし、当然その結果を体感として認識できていません。そのような状態で販売者のトレードルールを信じて運用し続けるということは、普通の人はできません。

　むしろ、他人の作ったトレードルールだからこそ、自分で検証してそ

の結果を客観的な数字で把握する必要があります。これをしない人が聖杯探しに走ってしまうのです（私もこれに気づくまで時間がかかりましたが……）。検証は、トレーダーとして大成したいのであれば避けては通れない作業です。ぜひ単発ではなく日々の習慣として検証を行ない、その数を積み上げていってください。必ず検証数が「自信」と「結果」になって表れるはずです。

Point

- 検証によりトレードルールを確立し、統計的な数字で自信を持ってトレードに臨むことができる
- 検証を習慣化し、自信と結果を築いていくことが成功への道

63 過去検証（バックテスト）の
やり方

トレードの成功を目指すためには、過去検証が欠かせません。この過程
を6つの段階に分けて説明します。最終的には自信を持ってリアルト
レードに臨むことが目標です。

▶6つの段階

検証の重要性についてはご理解いただけたと思いますので、ここから
は具体的なやり方をお伝えします。

検証は、バックテスト（過去検証）とフォワードテスト（デモトレー
ド）をセットで考えていきます。

検証の全体像としては次の6つです。

①叩き台となるトレードルールを1つ用意する
②過去検証を100トレード分
③修正してさらに過去検証100トレード分
④納得できるまで繰り返す
⑤デモトレードで過去検証と同じ数字が出るかを確認
⑥リアルトレードへ進む

ここからは詳しく解説していきます。

①叩き台となるトレードルールを1つ用意する

まずは過去検証をするにあたって叩き台となるトレードルールを1つ

用意してください。最初はネットに落ちているものでも構いません。

　用意できたら検証をしていくわけですが、過去検証も大きく分けると2つのやり方があります。1つは自分で過去チャートを遡って手動でチャートを移動させながらエントリー、決済のシミュレーションをしていく方法（手動検証）。もう1つが検証ソフトを使って実際にトレードするかのようにエントリー、決済をしていく方法です。

　この2つにはどちらもメリット、デメリットがあります。例えば少し特殊な手法やインジケーターを使う場合、検証ソフトでは対応できないことがあり、その場合は手動検証を行なうしかありません。一方の検証ソフトを使うやり方であれば、実際にトレードするかのように行なっていくので手軽に検証ができるうえ、その結果を自動で集計してさまざまな数字やグラフに反映してくれるというメリットがあります。

　私自身は、紙とペンを用意して手動で検証を行なうことが多いです。作業をしている感が出て捗りますし、最後の集計も楽しく取り組めるため、同じようなタイプの方は手動で検証することをおすすめします。

　まずは自分がやりたい検証ができるのはどちらの方法か。これを最優先に考えるべきですが、検証を習慣にするためにもこういう感覚の部分は大切にしてください。

②過去検証を 100 トレード分
③修正してさらに過去検証 100 トレード分
④納得できるまで繰り返す

　①の内容を決めたら、次はエントリーと決済のシミュレーションを1回の検証で100トレード分集めてください。これが私の過去検証の基準です。統計的に信頼できる母数として30トレード分でもいいという話も聞きますが、その信頼をさらに積み上げるため、何より自分のトレードに絶対の自信を持つために私はずっと100トレードを1セットとして過去検証を行なってきました。

　勝てるようになるまで数にして2000トレード分、その後も検証を続

け今では4000回を超えています。

　みなさんもここまでする必要があるとは思いませんが、「これくらいやっている人間もいる」ということは頭の片隅に置いておいてもらえたらと思います。

　このような形で100トレードを1セットと考えた場合、それで納得してルールが完成したらフォワードテスト（デモトレード）へと進んでいきますが、イマイチな結果であれば、修正してまた100トレード分の過去検証を行なっていきます。

　この際、**修正は必ず1か所、多くても2か所に留めてください。**一度に複数箇所を修正してしまうと、どこが良いのか悪いのかの判断ができず、検証としての機能を果たさなくなってしまいます。

　検証結果を集計する際に必要な項目は、勝率、リスクリワード、平均連敗数、最大連敗数、最大損失額などです。あとは必要に応じて集計すればいいと思いますが、**ポイントは勝ちよりも負けに関する数字を洗い出しておく**ことです。人間はわからないから不安になるのであり、最初からわかっていると安心して臨めるという性質があります。これは損失などのマイナス面で特に顕著なので、負けに関する数字はしっかりと把握しておいてください。

　そして、この過去検証を繰り返していく中で必要があれば知識のインプットもしていきます。学習の初期段階では右も左もわからない状態だと思うので、とにかくインプットするというのは有効な方法ですが、「あくまでインプットは検証のために行なう」、このように考えておくと無駄なインプットをすることなく、知識に振り回されるということも避けられると思います。

⑤デモトレードで過去検証と同じ数字が出るかを確認
⑥リアルトレードへ進む

　このような過去検証を通して納得いくルールが出来上がったらフォ

ワードテストとしてデモトレードをしていきます。

　なぜこのような二重の検証をするのかというと、どうしても過去検証と実際の相場での運用では差が生まれてしまうからです。実際の相場では対応できない動きを過去検証では加味してしまっている、といったことはよくあります。それに気づかずにリアルトレードをしたら大変なので、最終チェックとしてデモトレードを挟みます。

　デモトレードの期間は自分が納得できるまで、自信を持ってリアルトレードできるまでというのが答えになりますが、目安としては3か月くらいでしょうか。

　あくまで最終確認＋自信を持ってリアルトレードに臨めるかが基準となるので、仮にデモトレード期間が1年でも長すぎるということはないと思います。ここはシビアに判断するようにしてください。

Point

- バックテストでは6つの段階を追ってトレードルールを確立していく
- 100トレード分の統計的データが基準。デモトレードを経てリアルトレードに進む前に、最終的な確認を行なう

64 稼ぎ続けるためには トレードノートを書け

トレードノートを書くことは、トレードの成功に不可欠な要素です。振り返りと改善に役立ち、エントリーの客観性やメンタルの安定にも寄与します。トレードノートの書き方やポイントを解説します。

▶ どれだけ真剣に書いたか、振り返るかが重要

　過去検証を重ねてデモトレードをする際や、いざリアルトレードをしていく際に、ぜひやってほしいことがあります。「トレードノートを書くこと」です。

「トレードノートは書いたほうがいい」と聞いたことがある人も多いと思いますが、一方で書かなくても稼いでいるトレーダーがいるのも事実です。個人的にもトレードノートを書いたからといってそれだけで勝てるようになるとは思いませんが、自分のトレードを改善するためのツールにはなると思っています。

　トレードノートを書くことによって、自分のトレードを強制的に振り返る機会を作ることができます。また、日々のトレードノートから勝てた理由や負けた理由を抽出していくことによって、トレードルールの改善・精度の向上が期待できます。

　つまり、どれだけ真剣に書いたか、振り返るかで、トレードノートが有効なツールになるかどうかが決まってくるということです。私も真剣にトレードノートを書きだすようになってから少しずつ勝てるようになったのですが、書くことをサボるとまた勝てなくなるという経験を繰

り返してきました。

　そのため、安定して勝てるようになった今でも、簡単にではありますがトレードノートを書いています。

▶ メリットこそあれ、デメリットはない

　トレードノートを書く二次的な効果として、エントリーが客観的になりやすい、ポジポジ病の予防、負けたあとのメンタル改善なども期待できます。

　例えば、トレードノートに書くことを前提でトレードを行なうので、「あとで説明できないトレードはしないでおこう」という心理が働きます。結果、根拠のあるエントリーが増え、常にポジションを持っていないと落ち着かないポジポジ病の予防にもなります。

　また、負けたあとにトレードノートを書いてしっかり振り返ることにより、気持ちの切り替えにも役立ちます。個人的に感じたメリットとして、このメンタル面の効果が大きかったです。

　このように、トレードノートを書くことはメリットこそあれ、デメリットは見当たりません。

▶ 書く際のポイント

　では、実際には何を書いていけばいいのでしょうか。基本的にはどんな書き方でもいいと思いますが、ポイントはあとで見返したときに「そのトレードを再現できるか」です。

　そのためには、次の情報があれば再現可能性が高まります。

● 通貨ペア
● エントリー日時
● エントリー価格
● 買い or 売り

- ロット数
- S/L の価格＋ pips
- T/P（利益指値）価格＋ pips
- エントリーの理由・反省点
- エグジット日時
- エグジット価格
- 損益＋ pips
- エグジットの理由・反省点
- チャート画像

　エントリーの理由には、その通貨ペアを選んだ理由やロジック、時間足、タイミングなどをS/LやT/Pも加味して書いていきます。

　その際に、もっとこうすればよかったと思う点や、ここはよかったと考える点などを振り返りながら書いていくといいでしょう。

図 7-1　私が過去に書いていたトレードノート

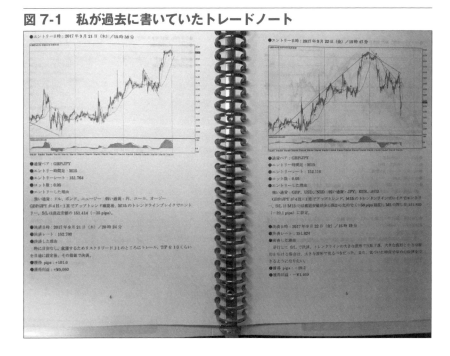

エグジットの理由や反省も基本的には同じです。予定していた価格よりも早く損切りや利益確定をした場合はその理由、逆に遅く損切りや利益確定をした場合にもその理由を詳細に書いていきます。

最後にこれらの情報を盛り込んだチャート画像を一緒にすれば、どんなトレードをしたかが後から見ても手に取るようにわかると思います。また、これだけしっかり振り返れば、日記のような効果として先ほど書いたようなメンタル面の安定にも役立つので、感情的になってトレードしてしまうという方はそれだけでも書く価値はあるのではないでしょうか。ぜひトレードノートを活用してトレードスキルを磨いていきましょう。

Point

- トレードノートを真剣に書いて振り返ることで、トレードの精度向上が期待できる
- エントリーやエグジットの理由、反省点を記録し、再現性の高い情報を含めることが重要
- エントリーの客観性やポジポジ病の予防、メンタルの安定に貢献する

65 / 必ずトレードシナリオを 作成する

勝ち続けるためにはトレードルールを持つだけでは不十分です。トレードシナリオを作成し、事前にトレードの計画を立てることが重要になってきます。シナリオを通じて、トレードの予測性と確実性を高める方法を解説します。

▶「トレードルール」と「トレードシナリオ」の違い

　優位性のあるトレードルールが完成したら、あとは実際にチャートを見て、チャンスがあればマイルール通りにトレードしていくだけ。過去の私は、これだけで利益を上げられるものと思っていました。もちろん、ルールも何もない状態でするよりは勝率は高いのですが、継続的に稼ぎ続けるという観点では少し物足りなさがありました。そこでたどり着いたのが、「事前にトレードシナリオを作成する」というものです。

　例えば相場が止まっている週末にチャート分析を行ない、この先の相場の動き方を何パターンか考えます。そしてそのパターンの中から自分がトレードする場合としない場合を明確にして、いざエントリーする場合にもどういう場合に損切りや利益確定をするかを事前に考えたうえで、翌週はその予定した通りの行動だけを行なっていく。これがトレードシナリオです。

　これだけを聞くと、「トレードルール」と「トレードシナリオ」は何が違うのかわからないという人も多いと思います。野球にたとえると、「バッターが狙い球を絞って打ち返すだけ」がルールに従うだけのト

レード、「ピッチャーがどのタイミングでどんなボールを投げてくるかという配球まで考えて、狙い球を絞って打ち返す」がシナリオを作成したうえで臨むトレードというイメージです。後者のほうが確実性は高いと感じられるのではないでしょうか。

　他には受験なども同様で、覚えた知識や公式をなんとか使える状態にしたうえで、出題された問題にただ答えていくだけの受験生と、試験の傾向を調べてこういう問題が出されたらこう処理しよう、その場合の時間配分はこうしようなど試験本番のシミュレーションまでしっかり行なったうえで試験に臨む受験生、どちらがより好結果を出しやすいでしょうか？　こちらも当然後者です。

　このように、シナリオを作成したトレードは、行き当たりばったりのトレードや想定外のトレードを排除して、すべて想定の範囲内で適切にルールを運用しながらトレードを行なうことを実現してくれるのです。

▶具体的なシナリオ作成の方法

　具体的なシナリオ作成の方法ですが、まずは現在の相場の環境認識からはじめます。

　ここで、上昇トレンド中だと判断したのであれば、どのくらいの押し目をつけたらエントリーを検討するのか、その際に損切りはどのあたりに置くのか、逆に同じ押し目でもどういう場合はエントリーを避けるのか、上昇を阻む抵抗帯はないか、そこで上昇が抑えられたどうするのか……こうしたことを1つ1つ言語化していきます。

　正直、ここは経験が必要な部分であるため、最初は簡単な内容でも構いません。ただ、ここまでしっかりと過去検証やデモトレードをしてきたのであれば、シナリオ作成のための経験値としては問題ないはずです。今まで見てきた膨大なチャートの動きを思い出しながら、パターンごとに自分のアクションを事前に決めておいてください。

相場がどう動くかは誰にもわかりませんが、このようにすべてを想定の範囲内でトレードしていくことで、無駄なメンタルの揺さぶりなども減ってきます。また、シナリオ作成した結果トレードチャンスがないと判断したのであれば、相場から完全に離れることもできます。

　トレードルールの優位性を確実に発揮するため、その前提として平常心でトレードに臨むためにもシナリオ作成は必須の作業です。ぜひ、トレードシナリオを作成して万全の状態でトレードに臨むようにしてください。

Point

- トレードシナリオを作成することで、トレードルールの優位性を確実に発揮することができる
- トレードシナリオの作成手順は、現在の相場状況の把握から始まり、エントリー条件や損切りライン、抵抗帯の設定までを含む

CHAPTER 7
66 / エントリーする理由ではなく、エントリーしない理由を探せ

成功するトレーダーは、エントリーの理由を探すのではなく、エントリーしない理由を探します。無駄なトレードは成績を悪化させるだけでなく、相場の本質を見失わせる。結果を求めるなら、チャンスを逃す勇気も必要です。

▶ がんばってエントリーしない理由を探す

　トレードルールに合致する相場でトレードする、行為としてはこれで何も問題ありません。しかし、ルールに合致するかどうかにフォーカスしてしまうと、本当はトレードすべきではない局面なのについついエントリーをしてしまうという現象が発生しがちになります。

　つまり、無駄なトレードが増えて成績を悪くしてしまうということです。

　当たり前ですが、私たちはお金を稼ぎたくてFXをしています。「できるだけチャンスを逃さずトレードして少しでもお金を増やしたい」、こういう心理が働くのは仕方ありません。ですが、この思考が曲者で、相場を冷静に見る目を歪めてしまうことにつながります。

　そこで、今一度思い返してもらいたいのが、「利益を上げられるかどうかはすべて相場次第」という普遍の真理です。

　こちらがいつ、どれくらい稼ぎたいかなど、相場にとってはどうでもいいことなのです。そのうえ、本当にチャンスといえる場面は、私たち

が思っているよりもずっと少ないわけです。

　ですから、無理してエントリーチャンスを探すのではなく、ルールが当てはまりそうな相場があれば、「がんばってエントリーしない理由を探す」、という意識を持ってください。

　がんばって探したけれど、エントリーしない理由が見つからないから、「仕方なくトレードする」、これくらいのスタンスで臨んだほうが絶対に結果はよくなります。

　過去の私も含めて、勝てずに苦労している人のほとんどが無駄なトレードが多い傾向があり、この無駄をなくすだけでも成績は好転するはずです。そのための1つのアプローチ方法として、トレードする理由ではなく、トレードしない理由を探すことに意識をフォーカスしてみてください。

Point

- トレードで利益を上げ続けるためには、相場に合致するかどうかだけでなく、エントリーしない理由を探すことが重要
- 無理にトレードすることで無駄な取引が増え、結果的に成績を悪化させる可能性があるため、慎重に判断すること

CHAPTER 7

67 / 自分の力量を知る

トレーダーにとって自己評価は重要です。毎月の pips 収益を把握し、自身の力量を知ることはで今の自分の力量が見えてきます。そのうえで、目標達成や資金計画を立てていき、現実的な行動を取れるようになります。

▶ すべての数字を可視化する

　みなさんは自分が毎月（もしくは毎週）どのくらいのpipsを稼ぐことができるか把握していますか？　私は200pips前後です。もちろん、これより多くても少なくても問題ありません。大事なのは、「一定の期間でどれくらい稼ぐことができるか」という自分の力量を知っているかどうかです。

　自分の力量がわからないということは、何も準備をせずにサバンナに狩りに出かけるようなものでしょう。狩られる側になるのは目に見えています。そうならないために、検証を徹底して行ない、トレードスタイルやルールを固めていきます。**検証を行なう真の目的は自分の力量を知ること**といってもいいかもしれません。

　自分の力量を知ることで、さまざまなことを逆算して考えられるようになります。例えば、毎月200pips取ることができる人がFXで毎月10万円稼ぎたいとします。そうすると、1pips = 500円ということになり、1トレード当たり約5万通貨のロットを張ればいいことがわかります

（ここではドル円のレートなどは考慮せず、ざっくりと考えています）。

　そして、5万通貨のロットを張るには証拠金としてできれば100万円以上、どんなに低く見積もっても50万円は用意したいところです（証拠金10万円で1万通貨が目安）。しかし、手元には30万円しかない。その場合の選択肢は次の3つです。

①毎月10万円という目標を下方修正する
②がんばって貯金して証拠金を増やす
③毎月200pips以上稼げるようにトレードルールを再調整する

　おすすめは圧倒的に①、②です。

　①の場合、自分の力量を知ることで、30万円から始めたとして3か月後、半年後、1年後にはどのくらいロットを大きくすることができて、いくらくらい稼げるのかなど、より具体的なシミュレーションが可能になってきます。②の場合も同様で、節約や副業などで具体的にいくら貯金をすればいいかがわかってきます。

　このように、自分の力量を知ることで、現実的かつ具体的な行動を取ることができるようになります。変に焦ることもなくなるでしょう。

　人間は未来が見えないと不安になります。だったらすべて可視化してしまうことをおすすめします。

Point

● 自身の力量を知ることで、目標設定や資金計画が具体的になり、焦りを感じることなく行動できる
● 未来の不安を軽減し、トレードの効率を向上させるためにも、自己評価を行なうことが重要

CHAPTER 1

CHAPTER 2

CHAPTER 3

CHAPTER 4

CHAPTER 5

CHAPTER 6

CHAPTER 7

CHAPTER 7
68

メンタルを鍛えることは不可能

トレーダーにとってメンタルの重要性は認識されていますが、意図的な
メンタルの鍛え方には疑問があります。メンタルに対する適切なアプ
ローチは、どうメンタルと向き合うかにあると考えます。

▶ メンタルと「どうつき合っていくか」という考え方

「トレードをやっていくにはメンタルが大事」

こうした言葉を聞いたことがある方、実際にそう感じている方も多い
と思います。私自身もメンタルの重要性を強く感じています。

トレードは、普段扱わないような金額を相場のリスクに晒しますし、
どんなにがんばっても普通に負けることもある世界です。メンタルを揺
さぶられないほうが無理という話でしょう。

そこで次の発想として、「じゃあメンタルを鍛えよう。特にトレード
に必要なメンタルはリアルトレードで鍛えるしかない」、このように考
える人が多いと思います。しかし、はっきり言ってこれは悪手です。

断言しますが、意図的にメンタルを鍛えることは不可能です。今まで
の人生を思い返してみてもらいたいのですが、さまざまな経験を通して
「結果的に」メンタルが強くなった、人間として成長したといったこと
は経験があるかと思います。

ですが、意図的にメンタルを鍛えようとしてうまくいったことはある
でしょうか？　中にはうまくいったという方もいるかもしれませんが、
それは圧倒的に少数派なはずです。

もちろん、トレードをしていく中で「慣れ」は存在しますが、これは「メンタル」とは完全に別物です。そもそも人間のさまざまな感情の起伏を「メンタル」という抽象的な言葉でまとめようとすることに無理がある気もします。

　仮にメンタルを意図的に鍛えることができたとしても、メンタルはそのときどきの体調や人間関係、出来事、天候などでも簡単に浮き沈みするものです。そうであれば**メンタルを鍛えようとするのではなく、「メンタルとどうつき合っていくか」を考えるほうが現実的**ではないでしょうか。これは心理学などの専門知識を学んでいても感じることです。

▶事前と事後の対策

　メンタル対策のポイントは、メンタルが揺さぶられないようにするための「事前の対策」と、揺さぶられてしまったときにどうするかという「事後の対処法」を準備しておくことです。

　例えば、必ず余裕資金でトレードする、膨大な検証を通して確率で考えられるようにしておく、トレードシナリオを作成して想定外を排除する、といったことが事前の対策として有効です。

　メンタルが揺さぶられた際には、トレードノートを活用してそのときの心情を吐き出してみてください。きっと自分を客観視できるようになると思います。

　ここまで解説してきたことは、トレードで勝てるようになるための直接的なものだけでなく、メンタル安定のためにも実は効果的なものばかりです。他にも、メンタルが不安定なときというのは、食事・睡眠・運動のどれかに問題を抱えていることも多く、トレード以前に健康な生活を送るためにも、こうした知識を学ぶことは大切です。

　毎日忙しくて疲労が溜まっているのなら、ときにはゆっくり休んでください。その余裕すらないのであれば、環境を変えることについても真剣に考えるタイミングなのかもしれません。

リアルトレードでメンタルを鍛えようとする前にできることはたくさんあります。気合と根性でがんばるのはインプット学習や検証作業の部分のみ。実際のトレードにはもっと科学的・現実的なアプローチで臨んでいきましょう。

Point

- メンタルの重要性は認識されているが、意図的な鍛え方には限界がある
- メンタル対策は、事前の対策と事後の対処法を準備することが重要

69 2勝2敗6分が理想のトレード

理想的なトレード成績として目指すのは「2勝2敗6分」です。勝ち負けだけでなく、「引き分け」の概念を取り入れることで、現実の成績との調和を重視していきましょう。

▶ 正確な勝率を導き出すための「引き分け」の概念

「10回トレードしたら10回とも勝ちたい」

　これが自然な感情ですし、私自身もできればそうありたいと思いますが、実際には現実的ではない、というのはおわかりでしょう。私が考える理想のトレードは「2勝2敗6分」です。「え、どういうこと?」と戸惑われる方もいるかと思います。

　まず、私は勝ち負けの他に「引き分け」という概念を取り入れています。見た目の勝率に自分自身が惑わされないようにするためです。

　例えば、常に100pips、200pipsを狙っているのに＋1pipsで終えたトレードを「勝ち」とカウントするのは、どこか違和感がありませんか? 　微益でもプラスで終わった以上、勝ちとカウントするのも1つの考え方かもしれませんが、これだと自分が本当に狙っている利益幅には対応しない形だけの勝率が算出されてしまいます。

　それを防ぐために、私は「引き分け」という概念を取り入れているわけですが、その基準はリスクリワード1：1未満の場合です。

　基本的にリスクリワード1：2以上を狙っており、できるだけそこに

対応する正確な勝率を表現したいわけです。であれば、0.1pipsでもマイナスなら「負け」とシビアにカウントするけれど、リスクリワード1：1未満なら「引き分け」にカウントして勝ちから除外する。この基準が、私が勝率という数字に求めた妥協点でした。

　そのうえで2勝2敗6分の詳細です。10回中8回（2敗6分の部分）は小さく負けたり微益で終わったりして資金を守る。そして、残りの2回で大きく伸ばしてトータルで利益を残していく。

　10回中2回なら大きく伸ばすこともできそうではないでしょうか？これが自分のトレードルールの特性や実際の相場での難易度を考えた場合の現実的な落としどころだと考えています。

　みなさんにもこの方法を真似してほしい、ということではなく、考え方の部分をぜひ参考にして、考えるきっかけにしてもらえたらと思います。自分のトレードや相場に対する印象からどういうトレードが理想的なのか。これはトレード戦略の根本にもかかわる部分なので、時間をかけて考えてみてください。

Point

- トレードでの理想的な勝率を「2勝2敗6分」とし、現実の成績との調和を重視する
- 勝敗だけでなく、「引き分け」を取り入れて、より正確なトレード評価を追求すること

おわりに
～FXが人生を変えてくれた～

　ここまで読んでくださり、ありがとうございました。最後に、私の話を少しだけさせてください。

　私は20歳の頃に株式投資を始め、FXは2016年頃から取り組み始めました。それまでも相場経験はあったとはいえ、基本的に資産運用としての長期投資しかしてこなかったので、FXのような短期トレードは未知の世界でした。当初は「ちょっと勉強すれば勝てるようになるだろう」と思っていましたが、そんなに甘い世界ではありませんでした。

　私はそれまで建築の仕事をしていましたが身体を壊して辞めてしまい、ほぼ貯金もない、まさに切羽詰まった状況でFXを始めたのです（本来こんな状況でするべきではないと思います）。

　そんな中、必死に勉強したりチャートと向き合ったりして、何とか勝てるようになり、今に至ります。

　思い返せば高校を卒業してからずっと、お金に苦労する人生でした。父親の経営していた会社が倒産し、両親ともに破産、それまで住んでいた家も追い出されました。そのときの父親の悲しそうな後ろ姿を、今でも覚えています。

「いつか両親に楽をさせてやりたい」、そういう気持ちで自分自身もがんばってはいたものの、元来あまり身体もメンタルも強く

なく、体調を崩してしまうこともしばしば。そんな両親も、親孝行をする前に父親は突然亡くなり、母親も認知症を患い、今では私のことも認識できない状態になってしまっています。この間、私自身もそれまで連れ添ったパートナーとの離婚を経験しました。

「自分は独りぼっちになってしまった……」、本気で人生に絶望していた時期もありましたが、このままでは終われない、少なくとも両親が誇れるような息子でありたい、そう思って仕事も勉強も全力でやりました。FXやそれに関する発信もその1つでした。

　当時は無我夢中でやっていただけですが、おかげで多くの人とつながることができ、こうして本の出版も実現することができました。本当に昔の自分では想像もできないような縁に恵まれているなと感じています。

　今でも両親のことなどは心に思うことはありますが、それでも前を向くことができており、自分自身の幸せというものも考えられるようになってきました。

　普通の会社員のような生活ができなかったからこそ、お金の苦労をたくさんしてきたからこそ、FXというものに出会い、今では少しばかりの時間的・経済的余裕を楽しめるようになってきました。学生時代にやり残した法律の勉強を気が済むまでやり、理想の身体を目指して筋トレをライフワークとして取り

組む毎日。素敵なご縁に恵まれたのも、好きなことに打ち込めているのも、全部今の自分があるのは、まさにFXに出会えたおかげです。

　何度もあきらめそうになることがありましたが、基本的には相場というものを楽しみながら、たまに自分にムチを打ちながら続けてきて本当によかったと思っています。

　そんな私の知識や経験が誰かの役に少しでも立つなら、こんなに最高なことはないじゃないか、そう思って発信の活動も続けています。

　本書があなたのトレードを好転させるきっかけになれば幸いです。あらためて、最後までお読みいただきありがとうございました。

2024年4月

Hiro

Hiro（ヒロ）

1987年生まれ、福岡県出身。地元の大学に通っていた2008年（リーマンショックの年）に株式投資を始める。2016年に身体を壊して仕事を辞めたことをきっかけに FXをスタート。約3年間の試行錯誤の末、「エリオット波動」「通貨強弱」という手法をマスターしてFXで利益を上げ始める。この間に家庭の事情や学費のために抱えていた借金も完済。現在はトレードの傍ら、自身の経験や知識をYouTube、X、noteなどで発信しつつ、愛犬とのんびり暮らしながら筋トレに励む毎日を送る。

FX 環境認識の定石

2024年6月1日　初版発行

著　者　Hiro　©Hiro 2024

発行者　杉本淳一

発行所　株式会社 日本実業出版社　東京都新宿区市谷本村町3-29　〒162-0845

編集部　☎03-3268-5651
営業部　☎03-3268-5161　振　替　00170-1-25349
https://www.njg.co.jp/

印刷／厚徳社　　製本／若林製本

ISBN 978-4-534-06108-9　Printed in JAPAN

【究極進化版】最強のFX 1分足スキャルピング

ぶせな
定価 2640円（税込）

6万人に読まれたFXの定番書籍が、時代に即した最新テクニックを大幅加筆して「超ド級」に新版化！　前著にはなかった「順張りスキャルピング」を紹介。チャートの"全波動"を可視化する順張り＆逆張りが融合した最強手法を紹介します。

最強のFX 15分足デイトレード

ぶせな
定価 1760円（税込）

ベストセラー『最強のFX 1分足スキャルピング』の著者でカリスマトレーダーによる、移動平均線とネックラインの併用で10年間負けなしの、「億」を引き寄せる「デイトレード」の極意。15分足は他のどの足よりもエントリーチャンスが圧倒的に多い！

低PBR株の逆襲

菊地正俊
定価 1870円（税込）

2023年3月末に東証が「割安のまま推移している上場企業への改革策」を打ち出し、株式市場の潮流が低PBR株（鉄鋼、自動車関連、銀行、商社など）の騰勢を強めさせるなど激変しているなか、企業の対応策の実態や有効な投資法について最新の知見がわかる！

野生の経済学で読み解く 投資の最適解

岡崎良介
定価 1870円（税込）

米国経済と日本経済、そして日米両国の相場の行方はどうなるのか。長年の運用経験に裏付けられた独自の発想で多彩なデータ駆使するとともに歴史的大局観から俯瞰した分析を行ない、2024年以降に日本株投資で勝つために必要な考え方と投資戦略を明らかにする。

定価変更の場合はご了承ください。